From the library of

SOPHENE

Published by Sophene 2023

The *History of the Aghuans* by Movse's Dasxuranc'i was translated
into English by Robert Bedrosian in 2010.
Chapters 11, 24, 25 translated by Beyon Miloyan.
This edition is Book I of III.

A searchable, digital copy of the English translation can be accessed at:

https://archive.org/details/HistoryOfTheAghuans

www.sophenebooks.com
www.sophenearmenianlibrary.com

ISBN-13: 978-1-925937-59-6

ՄՈՎՍԻՍԻ ԴԱՍԽՈՒՐԱՆՑՒՈՅ

ՊԱՏՄՈՒԹԻՒՆ ԱՂՈՒԱՆԻՑ ԱՇԽԱՐՀԻ

ՀԱՏՈՐ Ա.

ՏՊԱՐԱՆ
ԾՈՓՔ
Լոս Անճելըս

MOVSE'S DASXURANC'I

History

of the

Aghuans

IN THREE VOLUMES OF CLASSICAL ARMENIAN
WITH AN ENGLISH TRANSLATION BY
ROBERT BEDROSIAN

BOOK I

SOPHENE BOOKS
LOS ANGELES

*This translation is dedicated to the memory of unforgettable friends,
Anya and Jacques Kayaloff.*

GLOSSARY

The following words, have multiple or unique meanings and have therefore been transliterated directly in the text (with the meaning bracketed in some instances):

Bidaxš (բդե[ա]շ[խ]), a senior government minister or secretary of state (see "bidaxš" in the Encyclopedia Iranica).

Dayeak (դայեակ), a guardian or a preceptor.

Marzban (մարզպան), an Iranian administrative title that refers to a governor or commander of a border province.

Naxarar (նախարար), a hereditary class of feudal lords and the highest ranking nobles in Armenian society (see "Naxarar" in the Encyclopedia Iranica).

Sparapet (սպարապետ), the commander-in-chief of the Armenian army (a hereditary position).

Vardapet (վարդապետ), a doctor of the Armenian church.

TRANSLATOR'S PREFACE

The *History of the Aghuans* is a major source for the history of the indigenous Aghuan people of Caucasia from earliest times to about A.D. 988. Aghuania (also Arran, Aghbania, Caucasian Albania) comprised parts of modern Dagestan and Azerbaijan, Armenia's eastern neighbor. Its ancient peoples and their numerous languages were noted occasionally by classical Greek and Latin authors. Like the neighboring Armenians, the Aghuans were part of the Iranian-Zoroastrian culture-world for at least a millennium. Their royalty and nobility had marriage ties with their counterparts in Iran and Armenia. Also like Armenia, Aghuania was among the countries early visited by the Apostles; and the Aghuan and Armenian churches were frequently united. Mesrop Mashtots', the fifth century Armenian linguist who created the Armenian and Georgian (Iberian) alphabets, also created an Aghuanian alphabet.

It is most regrettable that whatever ancient historical sources the Aghuans may have possessed have not survived. Indeed, for the pre-Christian period, we must rely entirely on the writings of classical authors. These are described and analyzed in M. L. Chaumont's article "Albania" in *Encyclopaedia Iranica*. After the Arab conquests of the 7th century, Aghuania became known as Arran and subsequently was administratively part of a large unit called Arminiya which also included parts of historical Armenia, Georgia (Iberia), and northern Mesopotamia. The history of Arran in the Islamic period is described by C. E. Bosworth in his *Encyclopaedia Iranica* article.

It is due to the lack of early native sources that the work translated below acquires particular significance. This *History* is the

TRANSLATOR'S PREFACE

sole-surviving written account of a culture now extinct. It is the only literary artifact—aside from incidental notices in Armenian and Georgian historical sources—which describes events of note from the socio-economic, ecclesiastical, political, and military history of the Aghuan people. The *History of the Aghuans* contains a wide range of invaluable and unique historical and ethnographical information: from an astounding description of a pagan cult's ritual, to the Christian cult of relics, from the Aghuan king at table, to a description of the royal court on the move, from descriptions of Sasanian presents, dress, and court protocols to a priceless interview with a Khazar Qaqan. Indeed, the *History* is a primary, but under-utilized, source for the history of the Turkic Khazar kingdom (7-10th centuries). Additionally it provides otherwise unknown information on Caucasian tribes and peoples, resident and nomadic, and supplements and enhances our information on Aghuania's neighbors.

The *History of the Aghuans* exists in three books. Book One, in 30 chapters, gives a brief summary of Armenian and Aghuanian history reaching to the end of the 5th century. Book Two, in 52 chapters, describes events from the 5th-7th centuries reaching the year 683. Book Three, in 24 chapters, describes the Arab domination. It reaches into the 10th century, and also includes some final chapters from later periods.

Almost nothing biographical is known about the author(s) of the *History of the Aghuans*. The first two books may be the work of a single individual who wrote at the end of the 7th century and the beginning of the 8th. This author or compiler claims that he hailed from the district of Uti on historical Armenia's eastern borders, and possibly from the village of Dasxuran (also, Kaghankatuats'). But as the celebrated Armenologist Manuk Abeghyan suggested, it is quite possible that these two books are themselves compilations. Discrepancies in style and occasional discrepancies in person among various sections in the first two books lend credence to this proposal. The author of the bulk of the third book, on the other hand, clearly lived some centuries later. He describes events occurring up to the late 980s. Yet the final event mentioned in Book Three occurred in the reign of Senek'erim, king of Siwnik' (1080-1105). Thus, more than one hand is apparent in the third book as well as in the first two. "Movse's" to whom the entire work is attributed, could have been any of the authors or compilers from the 7th through the early 12th centuries.

Although biographical details are lacking, we may construct a partial portrait of the author(s) based on the contents of the three books and the treatment of certain topics. The compiler of Books One and Two (hereafter we shall call him Movse's, for convenience) was an educated cleric with an impressive vocabulary. His prose style is highly ornate, full of alliteration, extended similes, and allusions to Biblical personalities and situations. He had a penchant for long sentences with many subordinate clauses. The documents Movse's had at hand were varied. They included Church-related materials: lists of Patriarchs, martyrologies, narratives such as the account of the discovery and elimination of the cult of the finger-cutters, the sojourn of Mesrop Mashtots' in Aghuania, the Aghuanian conversion of some Altaic Hun leaders to Christianity; and correspondence between various Church leaders about doctrine and sectarians. Some of the religious material in Book One originally seems to be the work of extremely pious, incredulous clerics, enamored of Christian wonder-tales. More secular material is represented in the

TRANSLATOR'S PREFACE

List of Rulers (I. 15), the Law Code of King Vach'agan (I. 26), the account of the invasion of the Huns (I.29), the chapters in Book Two on the Khazars (II. 11-16), and the *gestes* of Prince Juansher (II. 18 ff.). Much of this material probably derives from Church and Royal archives. Movse's also had at hand some Armenian historical works such as P'awstos Buzand, Ghazar P'arpets'i, Movse's Xorenats'i, and perhaps Sebeos and used them, as needed, for the historical glue to hold together the different documents when he was unable to find native sources. However, the *stylistic* glue which holds Book One and Book Two together is the learned Movse's' euphuistic writing style.

The fineness of Movse's' Classical Armenian suggests that he was a well-educated cleric and that either he was an ethnic Armenian with the requisite command of Aghuanian to read material written in Aghuanian, an ethnic Aghuan with a remarkable knowledge of Armenian. In the historical period covered in Books One and Two, the Armenian language appears to have been used as a second language in the Aghuan Church. Consequently, it is even possible that some of the Aghuan archival material was written in Armenian or existed in Armenian copies when Movse's used it.

With Book Three, a different personality emerges. This author or compiler has a simpler and more straightforward writing style. He is less interested in relics and miracles than Movse's, but quite interested in heresies, schismatics, and Christological issues. He is a bitter foe of Islam. Book Three is the shortest of the three books and the most "historical." It contains, in addition to invaluable material about the negative impact of the Arab domination, otherwise unknown information about the birth, life, and death of the Prophet Muhammad, and similarly unique information about the rebellion of Babak in the 830s. Like Books One and Two, Book Three is a best characterized as a collection of documents.

A *History of the Aghuans* certainly existed in Armenian in some form in the 10th century, since the Armenian Catholicos Anania Mokats'i mentions consulting it in 948. There was debate about the author already in the 13th century among Armenian clerics. But irrespective of the original language or the identities of the author(s) of this important compilation, the resultant product is a splendid Armenian literary history, in the same tradition as the medieval Armenian translation of the Georgian Chronicle. The 12-13th century Armenian cleric Mxit'ar Gosh, who mentions using a *History of the Aghuans*, brought a record of Aghuan events forward to his own time.

The Classical Armenian text of the *History* was published in 1860 in two places: in Paris by Karapet Shahnazarean and in Moscow by Mkrtich' Emin. The Shahnazarean edition has been the preferred one until the publication of the critical edition by Varag Arak'elyan (1983). A full Russian translation by K. P. Patkanean appeared in St. Petersburg in 1861. A more recent Russian translation by Sh. V. Smbatyan was published in Erevan in 1984. Partial and selective translations have appeared in French, Georgian and Turkish. The *History* was translated into English by C. J. F. Dowsett (1961), based on the Shahnazarean edition and several other manuscripts. Dowsett's scholarly edition is accompanied by an excellent *Introduction* which discusses theories of authorship and the manuscript tradition. We have relied on Dowsett's translation completely for chapters dealing with theological and Christological issues. Our own translation of Books One and Two was initially made from the Shahnazarean edition and follows its pagination.

Subsequently it was corrected according to the online critical edition. Our translation of Book Three was made directly from the online critical edition.

Currently the most accessible scholarly treatment of the history of Aghuania in English is found in the aforementioned writings of Chaumont and Bosworth, plus in the writings of the great Caucasiologist Cyril Toumanoff (1963, 1966). Perhaps the best, most current English-language source for the history of Aghuania is Hewsen (2001). Hewsen's beautiful maps are accompanied by text which meticulously documents the changing borders and vicissitudes of the Aghuan people and state.

The transliteration used here is a modification of the new Library of Congress system for Armenian, substituting **x** for the LOC's **kh**, for the thirteenth character of the Armenian alphabet (*խ*). Otherwise we follow the LOC transliteration, which eliminates diacritical marks above or below a character, and substitutes single or double quotation marks to the character's right. In the LOC romanization, the seventh character of the alphabet (*է*) appears as **e'**, the eighth (*ը*) as **e"**, the twenty-eighth (*ռ*) as **r'**, and the thirty-eighth (o), as **o'**.

Robert Bedrosian

Long Branch, New Jersey 2010

BIBLIOGRAPHY

Arak'elyan, V. (1983). *Patmut'iwn Aghuanits' ashkharhi*. In S. A. Avagyan (Ed.). Erevan.

Bosworth, C. E. (1986). "ARRĀN," Encyclopædia Iranica, II/5, pp. 520-522, available online at http://www.iranicaonline.org/articles/arran-a-region

Chaumont, M. L. (1985). "ALBANIA," Encyclopædia Iranica, I/8, pp. 806-810; an updated version is available online at http://www.iranicaonline.org/articles/albania-iranian-aran-arm

Dowsett, C. J. F. (1961). *The History of the Caucasian Albanians by Movsēs Dasxuranc'i*. London.

Emin, M. (1860). *Movsisi Kaghankatuats'woy Patmut'iwn Aghuanits' ashxarhi*. Moscow.

Hewsen, H. (2001). *Armenia: A Historical Atlas*. University of Chicago.

Shahnazarean, K. (1860). *Patmut'iwn Aghuanits' arareal Movsisi Kaghankatuats'woy*. Paris.

Toumanoff, C. (1963). *Studies in Christian Caucasian History*. Georgetown.

Toumanoff, C. (1966). Armenia and Georgia. In J. M. Hussey (Ed.) *The Cambridge Medieval History, Volume IV* (pp. 593-637). Cambridge University Press.

MOVSE'S DASXURANCI'S
HISTORY
OF THE
AGHUANS

BOOK I

Նախերգան սակս պատմութեան Աղուանից:

Աստուածաստեղծ մարդն առաջին՝ հայրն մեր Ադամ եկաց ամս 230 եւ ծնաւ զՍէթ. Սէթ եկաց ամս 205 եւ ծնաւ զԵնովս. Ենովս եկաց ամս 190 եւ ծնաւ զԿայնան. Կայնան եկաց ամս 170 եւ ծնաւ զՄաղաղաիէլ. Մաղաղաիէլ եկաց ամս 165 եւ ծնաւ զՅարեթ. Յարեթ եկաց ամս 162 եւ ծնաւ զԵնովք. Ենովք եկաց ամս 165, եւ ծնաւ զՄաթուսաղայ. Մաթուսաղայ եկաց ամս 167 եւ ծնաւ զՂամէք. Ղամէք եկաց ամս 168 եւ ծնաւ զՆոյ. եւ Նոյ եկաց ամս 500 եւ ծնաւ երիս որդիս՝ Սեմ, Քամ եւ Յաբէթ: Եւ յետ 100 ամի ծննդեան Սեմայ եկն ջրհեղեղն յամի վեցհարիւրերորդի կենացն Նոյի: Եւ լինին յԱդամայ մինչեւ ցջրհեղեղն ամք 2242 եւ, ազգք 10:

PREAMBLE TO THE HISTORY OF THE AGHUANS.

The first man created by God, our father Adam, lived 230 years and became the father of Seth. Seth lived 205 years and became the father of Enosh. Enosh lived 190 years and became the father of Cainan. Cainan lived 170 years and became the father of Mahalalel. Mahalalel lived 165 years and became the father of Jared. Jared lived 162 years and became the father of Enoch. Enoch lived 165 years and became the father of Methuselah. Methuselah lived 167 years and became the father of Lamech. Lamech lived 168 years and became the father of Noah. Noah lived 500 years and became the father of three sons—Shem, Ham, and Japheth. The Flood occurred one hundred years after Shem's birth. This was in the 600th year of Noah. From [the time of] Adam until the Flood 2,242 years had passed and 10 generations.

Գիր ազգաբանութեան Յաբեթի ծննդոցն:

Աստանաւր յայտարարութիւն սահմանացն Յաբեթի, եւ զազգաբանութիւն նորին գտցես յիւրում տեղւոջն: Սահմանք Յաբեթի այս են, զոր Նոյ ետ բաժին. եւ երդումն իսկ պահանջեաց ի մէջ եղբարցն՝ չզրկել եղբարցն զմիմեանս. ի Մարաց մինչեւ ցԳադիրովն կողմն հիւսիսոյ եւ ցգետն Դկղաթ, որ մեկնէ ընդ Մարս եւ ընդ Բաբելովն: Եւ որդիք Յաբեթի՝ Գամեր, եւ ի նմանէ Գամիրք. եւ ի նմանէ Կեղտք եւ Գաղատացիք. Մադա, եւ ի նմանէ Մարք. Յաւան եւ ի նմանէ Հելլենք եւ Յոյնք. Թոբել, եւ ի նմանէ Թետալք. Մոսոք, եւ նմանէ Լուրիկացիք. Թիրաս եւ ի նմանէ Թրակացիք. Քետին, եւ ի նմանէ Մակեդոնացիք: Եւ որդիք Թիրասայ՝ Ասքանազ, եւ ի նմանէ Սարմատք եւ Րիփաթ եւ ի նմանէ Սաւրոմատք. Թորգոմ, եւ ի նմանէ Հայք:

Որդիք Յաւանայ՝ Եղիսա, եւ ի նմանէ Սիկիլացիք եւ Աթենացիք. Թարշիշ, եւ ի նմանէ Վիրք եւ Տիւրենացիք. եւ Կիտրիս, ուստի եւ՛ Հոռոմք, եւ՛ Լատինացիք, եւ՛ Հռովդացիք: Ընդ ամենայն ազգք ԺԵ:

Եւ ի սոցանէ եղին մեկնեցան կղզիք հեթանոսաց, որ են Կիպրացիք: Ի Կիտիացւոց որդիք Յաբեթի, իսկ որ ի կողմանս հիւսիսոյ են, ազգակից են Կիտիացւոցն, ուստի Աղուանք. եւ ազգք են, որ ի Հեղ այս աշխարհի են յայնցանէ, որ յետոյ փոխեցան անդր, որպէս Այետացիքն, որք բնակեալ են յԱթէնս քաղաքի պատուականն Յունաց եւ Թեբեացւոց:

THE GENEALOGY OF JAPHETH'S LINE.

You will find here, in its appropriate place, information about the [territorial] borders of Japheth and his genealogy. Noah gave the following borders to Japheth [after] demanding from the brothers that they would not dispossess each other: from Media to Cadiz in the north, to the Tigris River which stretches between Media and Babylon. Japheth's sons were Gomer from whom the Cappadocians derived; Magog, from whom came the Celts and Galatians; Madai, from whom the Medes descended; Javan, ancestor of the Hellenes and Greeks; Tubal, progenitor of the T'etalk'; Mosoch, from whom descended the Lurikats'ik'; Tiras, ancestor of the Thracians; and Kittim, father of the Macedonians. The sons of Tiras were Ashkenaz, father of the Samatians, and Riphath, ancestor of the Sauromatians, and Togarmah, ancestor of the Armenians.

The sons of Javan were Elishah, father of the Sicilians and Athenians; Tarshish, father of the Georgians and Turanians; and Kitris, ancestor of the Romans, Latins, and Rhodians. In all, there were 15 generations.

From these [folk] there arose and separated off the pagan islands such as the Cypriots, descended from Japheth's sons the Kiturats'ik'. Those dwelling in the north are the relations of the Kiturats'ik', such as the Aghuans. The peoples in the Hellene land descend from those who migrated there subsequently, such as the Ayetats'ik' who dwell in the city of Athens, honored by the Greeks and Thebans.

BOOK I

Սիդոնացիք եղին պանդխտեցան, որ են ի Կադմեայ որդւոյ Ագենովրայ. եւ Կարգեդովնացիք են եկք ի Տիւրոսէ: Իսկ ի խառնակել լեզուացն՝ եղին ի Յաբեթէ ազգք հնգետասան, ի Մարաց մինչեւ ցՍպարիովն, որ ձգի ցովկիանոս եւ հայի ընդ հիւսիսի: Այս է երկիր նոցա՝ Ատրպատական, Աղուանք, Ամազոնիա, Հայք Մեծ եւ Փոքր, Կապադովկիա, Գաղատիա, Կողքիս, Հնդիկք, Բոսփորիա, Մեովտիս, Դեռիս, Սարմատիա, Տաւրինիս, Սաւրոմատէս, Սկիւթիա, Թըրակէ, Մակեդոնիա, Դաղմատիա, Մովղիս, Թեսաղիս, Ղոկրիս, Բիովտիա, Հետաղիա, Ատտիկէ, Աքայիա, Պեղեննիս, Ակարնէս, Հուպիրիստիմ, Ղիւրիա, Ղիքնիտիս, Ադրիակէ, յորմէ ծովն Ադրիական, Գալիա, Սպանիոյ Գալիա, Իբերիա, Սպանիա Մեծ: Աստ կատարին սահմանք Յաբեթի մինչեւ ցկղզիսն Բրիտանիկեցւոց: Եւ հային ամենեքեան ընդ հիւսիսի:

HISTORY OF THE AGHUANS

The Sidonians, who arose and emigrated, were descended from Agenor's son, Cadmos. The Carthaginians emigrated from Tyre. Now [at the time of] the confusion of languages, there had arisen from Japheth 15 peoples, from Media to Hesperia, which extends to Ocean and looks northward. This is their country: Atrpatakan, Aghuania, Amazonia, Greater and Lesser Armenia, Cappadocia, Galatia, Colchis, India, Bosphoria, Maeotis, Der'is, Sarmatia, Tawrinis, Sawromate's, Scythia, Thrace, Macedonia, Dalmatia, Movghis, Thessaly, Locris, Boeotia, Hetaghia, Attica, Achaea, Peghenis, Akarne's, Hupiristim, Ghiuria, Ghik'nitis, Adriake', and from this the Adriatic Sea, Gaul, Spanish Gaul, Iberia, Greater Spain. Here end the borders of Japheth['s line], stretching to the British Isles. And all look to the north.

Թէ որ ազգ գիտէ դպրութիւն:

Եւ ի սոցանէ որք գիտեն զդպրութիւն՝ Եբրայեցիք, Լատինացիք, որով եւ Հոռոմք, վարին, Սպանիացիք, Յոյնք, Մարք, Հայք, Աղուանք, ի Մարաց կողմանէ հիւսիսոյ ցԳիգերովնայ սահմանն, որ ձգի ի Պարգամիտոս գետոյ մինչեւ ցՄաստոսիս որ է Լիովն:

Իսկ կղզիք՝ Սկղիայ, Բիա, Գոդոս, Քիոս, Ղիբնոս, Կիթերայ Զինկեթէոս, Կափաղանիա, Իթրակէ, Կարկիւրիա եւ Կեղադէմ, եւ մասն մի Յեսիայ, որ կոչի Յովանիա, եւ գետն Դկղաթ, որ մեկնէ ի մէջ Մարաց եւ Բաբելովնի: Այս են սահմանք Յաբեթի:

Սեմ կալաւ զկողմն արեւելից երկրին, Քամ զկողմն հարաւու եւ Յաբեթ զկողմն արեւմտից եւ հիւսիսոյ, ուր Աղուանք են եւ Ծովն Կասբից եւ ծագք երկրի ընդ արեւելս: Եւ ի կողմն արեւմտից երթան հասանեն ազգքս այսորքիկ մինչ ի Տրապոն: Իսկ որք ի Յաբեթէ մինչեւ ցՏիգրան՝ թագաւորք 44, եւ կողմանց Պարսից թագաւորք յԱրշակայ մինչեւ ցԱրտաւան 14 եւ ամք 450: Զարտաւան սպան Արտաշիր Սասանեան Ստահրացի եւ եբարձ զթագաւորութիւնն Պարթեւաց, որք Պարսից եւ Ասորւոց տիրեցին 252 ամաւք յառաջքան զգալ Կենարարին մերոյ Քրիստոսի. եւ յետ դարձիգերութեանն Հրէից ի Բաբելովնէ 270 ամաւք: Եւ ի նոյն Պարթեւաց որք ի Վաղարշակայ մինչեւ ցԱրտաշիր՝ Կռամշապհոյ որդի, թագաւորք Հայոց 26 եւ ամք 620: Աստ բարձաւ թագաւորութիւնն յԱրշակունեաց եւ հայրապետութիւն ի ցեղէ սրբոյն Գրիգորի:

THE COUNTRIES THAT KNOW WRITING.

The countries acquainted with writing are: the Hebrews, the Latins including the Romans, the Spaniards, the Greeks, the Medes, the Armenians, and the Aghuans. Their boundaries extend from Media northward as far as Cadiz, from the Pargamitos River as far as Matusia, which is Ilion.

[Included are] the islands: Sicily, Euboia, Rhodes, Chios, Lesbos, Kit'era, Zakinthos, Cephalonia, Ithaca, Corfu and Kiwghade's, and the part of Asia called Ionia; the Tigris River which flows between Media and Babylon. These are the borders of Japheth.

Shem held the eastern portions of the world and Ham, the southern parts, while Japheth held the western and northern areas where the Aghuans and the Caspian Sea are located and the eastern mountains. In the west these peoples extend as far as Trebizond. From [the period of] Japheth until Tigran there were 44 kings and in the Iranian areas there were 14 kings from Arshak until Artawan [in the space of] 450 years. Artashir, of the Sasanian Stahr [family], slew Artawan and eliminated the Parthian kingdom which had ruled the Iranians and Assyrians for 252 years before the coming of our savior, Christ. This was 270 years after the return from captivity of the Jews in Babylon. From these same Parthians, from Vagharshak to Artashir, son of Vr'amshapuh, there were 26 kings of the Armenians, during 620 years. Then [political] rule was taken from the Arsacids and the patriarchate [was taken] from the clan of Saint Gregory.

Իսկ եթէ յաղագս Բագրատունեացն կամիցիս գիտել Պարոյրայ որդին կոչիւր Հրաչեայ թագաւոր Հայոց, որ խնդրեաց յարքայէն Բաբելացւոց զմի ոմն ի գերելոցն Հրէից Շամբաթ անուն, զոր ածեալ բնակեցոյց յերկրին Հայոց մեծաւ պատուով: Ի սմանէ սերեցաւ ազգն Բագրատունեաց ի նուազել մեծազոյն ազգին Յաբեթականի:

Now if you want to know about the Bagratids: Paroyr, son of Skayordi, called Hrach'eay, king of the Armenians, son of Hayk, requested from the king of the Babylonians one of the Jewish captives named Shambat' who was brought and settled in the country of the Armenians with great honor. The line of the Bagratids descended from him as the great line of the descendants of Japheth declined.

Կարգելն զնախագահութիւն Աղուանից Վաղարշակայ:

Անդ սկիզբն առնու նախագահութեան Աղուանից. զի ի սկզբան աշխարհագործութեան մարդկութեանս, որ զմեծ լերամբն Կովկասու բնակելոցն՝ ունիմք ինչ ասել ստոյգ ի պէտս լողաց մինչեւ ցՎաղարշակ՝ արքայն Հայոց, որ ի կարգել իւրում զհիւսիսայիննսն կոչեաց զվայրենի եկամուտ ազգս որ ի դաշտէն հիւսիսոյ կամ որ զստորոտովն Կովկասու, կամ ի հովիտս կամ խորաձորս զհարաւով մինչեւ ցմուտս դաշտին, պատուէր առնէր՝ զաւազակութիւն եւ զմարդադաւութիւն թողուլ եւ հարկաց արքունի հնազանդ կալ: Ապա կարգեաց նոցա առաջնորդս եւ վերակացուս, յորոց գլխաւոր ոմն ի Սիսական տոհմէ յաբեթական ծննդոց կարգի հրամանաւ Վաղարշակայ՝ Առան անուն, որ ժառանգեաց զդաշտս եւ զլերինս Աղուանից ի գետէն Երասխայ մինչեւ ցամուրն Հնարակերտ: Եւ աշխարհին յաղագս քաղցրութեան բարուց նորա անուանեցաւ Աղուանք. զի աղու ձայնէին զնա վասն քաղցրութեան բարուցն. Ի սորա ծննդոց Առան ասեն, անուանի եւ քաջ, կարգեցաւ կողմնակալ բիւրաւոր ի Պարթեւէն Վաղարշակայ. եւ ի սորա զաւակէն ասեն սերեալ զազգս Ուտեացւոց եւ Գարդմանացւոց իշխանութեանց:

Այս մինչեւ ցայսվայր ցուցումն ազգաբանութեանց:

VAGHARSHAK ESTABLISHES A GOVERNMENT FOR THE AGHUANS.

Here begins [an account] of the government of the Aghuans. For we have nothing certain to say to our listeners about [the situation which obtained] from the creation of humanity until [the time of] Vagharshak, king of the Armenians, regarding [the folk] inhabiting the area around the great Mount Caucasus. [Vagharshak], in arranging his northern [borders], summoned the wild, foreign peoples [dwelling] in the northern plain and around the foot of the Caucasus, whether in valleys or ravines from the south as far as the entrance to the plain. And he commanded them to end their brigandage and murdering and to pay the royal taxes obediently. Thus by his order he appointed for them a leader and supervisors, chief of whom was [a man] named Ar'an, from the Sisakan clan, of the descent of Japheth, who inherited the plains and mountains of the Aghuans from the Araxes River to the fortress of Hnarakert. And that land, because of [Ar'an's] sweetness, was called Aghuank', for they called him *aghu*[1] because of his goodly behavior. They say that Vagharshak the Parthian designated many rulers of regions from Ar'an's line, men who were renowned and valiant. They say that from his son were descended the people of the principalities of Utik', Gardman, Cawdk', and Gargark'.

Up to this point we have shown [these] genealogies.

---

1 *aghu:* sweet, agreeable.

Ցուցումն բերմանց եւ պարարտութեանց սահմանացն Աղուանից թէ զի՛նչ ունի ի պէտս մարդկան:

Բարեվայելուչ եւ ցանկալի է աշխարհն Աղուանից ամենագիտ շահիւք եւ բարձրաբերձ կոհակացն Կաւկասայ. եւ զետոն մեծ Կուր հեզասահ գնացիւք բերելով յինքեան ձըկունս մեծամեծս եւ մանունս՝ ճեմելով զայ, անցանէ անկանի ի ծովն Կասպից. եւ որ շուրջ զնովաւն են դաշտք, գտանի ի նոսա հաց եւ գինի շատ, նաւթ եւ աղ, ապրեշում եւ բամբակ, անքաւ ձիթենիք: Եւ հատանի ի լերանցն ոսկի, արծաթ, պղինձ եւ դեղնախունկ: Եւ որ ինչ վայրենիք՝ առիւծ, ինձ, յովազ, ցիռ: Եւ ի թռչնոց յոլովից՝ արծուիք եւ բազէք եւ նմանք նոցին, եւ մայրաքաղաք ունի զմեծն Պարտաւ:

EXPOSITION ON THE FERTILITY AND ABUNDANCE OF AGHUANIA, AND WHAT IT HAS FOR THE NEEDS OF HUMANKIND.

Located in the lofty mountains of the Caucasus, the beautiful and desirable land of the Aghuans has the most precious resources. The great Kur River which gently flows through it bears large and small fish and then falls into the Caspian Sea. The plains around it contain [the materials for] much bread and wine, as well as oil and salt, silk and cotton, and countless olive trees. The mountains contain gold, silver, copper and ocher. Among the wild animals are the lion, leopard, panther, and wild ass; among the many birds are eagles, hawks, and others like them. [Aghuania's] capital is the great Partaw.

Գիտութիւն երեւման Աստուծոյ մերոյ մերոցս արեւելիցս. պատմութիւն ճշմարիտ:

Առաւել քան զնախագահելն Առանայ ի Վաղարշակայ տա-նս Աղուանից այլ ինչ ոչ գտաք մինչեւ ցքաջն Վաչագան, որ միանգամայն տիրեաց կողմանցս Աղուանից:

Իսկ ի հասանել ժամանակի երեւման արեգականն արդարութեան եւ յայց ելանել փրկութեան մերոյ անքնին էութիւն, լոյս փառաց եւ էութեանն հայր ծագումն՝ զտնաւրի-նականն կատարեալ զամենիցս, ամենայն եւ յէութեանն նստաւ փառս, ուստի ոչն էր մեկնեալ: Ե՛ւ զսուրբ եւ զցան-կալի աշակերտսն իւր առաքեաց քարոզս տիեզերաց. որով եւ մերոցս արեւելեայցս վիճակեցաւ Սուրբ առաքեալն Թա-դէոս: Սա եկեալ ի Հայս՝ յԱրտազ գաւառ. անդ առնու վախ-ճան մարտիրոսութեան ի Սանատրկոյ արքայէն Հայոց:

Եւ աշակերտ նորին Սուրբն Եղիշայ դառնայ յԵրուսա-ղէմ եւ պատմէ զտենչալի նահատակութիւնն առաքելակ-ցացն նորա: Անդանաւր յազդմանէ Սուրբ Հոգւոյն ձեռնա-դրի Եղիշայ ի ձեռաց Սրբոյն Յակովբայ՝ եղբաւրն տեառն, որ էր առաջին հայրապետ Երուսաղէմի: Եւ վիճակ առեալ իւր զարեւելս՝ ճանապարհ արարեալ յԵրուսաղէմէ ընդ Պարսս՝ մտանէ ի Մասքութս, խոյս տուեալ ի Հայաստան-եայցն: Սկիզբն առնէ քարոզութեան ի Չողայ եւ ի տեղիս տե-ղիս զբազումս աշակերտեալ՝ ծանոյց զփրկութիւնն:

KNOWLEDGE OF THE APPEARANCE OF GOD COMES TO US EASTERNERS. ACCURATE HISTORY.

We did not find [any information concerning the period] from the appointment of Ar'an over the House of the Aghuans by Vagharshak until [the time of] the valiant Vach'agan who once ruled over the Aghuan areas.

Now [we do have some information relating to] the time of the appearance of [Jesus], the Sun of Righteousness, and the coming of our salvation, the unknowable being, the light of glory, born from the being of the Father. [Jesus], having completed His ministry to all of us, dwelt again in the glory of His Father's being from which He had not separated. He had sent His blessed and precious disciples to preach throughout the world. The holy apostle Thaddeus was given to us Easterners. [Thaddeus] came the Armenians, to the district of Artaz, where he died a martyr's death at the hands of Sanatruk, king of the Armenians.

His student, the blessed Elisha, returned to Jerusalem and related the enviable martyrdom of his fellow apostle. Through the influence of the Holy Spirit, Elisha was ordained at the hands of the blessed James, the Lord's brother, who was the first patriarch of Jerusalem. He took the east[ern regions] as his diocese. He traveled from Jerusalem to the Mask'ut' via Iran, avoiding the Armenians. He began his preaching in Ch'oghay and in various places acquainted numerous students with the salvation.

BOOK I

Անտի եկեալ յՈւտի գաւառ՝ ի Սահառն քաղաք երիւք արամբք աշակերտելովք, որոց հարազատք անուրէնք ոմանք զկնի եկեալ՝ մի յաշակերտելոցն ընկալաւ ի նոցանէ զնահատակութեանն վախճան: Եւ երկուցն թողեալ զերանելին Եղիշայ գնացին զկնի ամբարիշտ եւ խողխողիչ արանցն: Իսկ Սուրբ հայրապետն եկեալ ի Գիս՝ կանգնեաց եկեղեցի եւ մատոյց զանարիւն պատարագ: Յայսմ տեղւոջ եղեւ սկիզբն արեւելեայցս եկեղեցեացս մայրաքաղաքաց եւ լուսաւորութեան տեղի: Եւ անտի անցեալ ընդ դաշտակն Զերգունի՝ ի տեղի զոհարանի դիւցամոլ կռապաշտիցն. անդ էառ զնահատակութեան պսակն: Եւ անյայտ իմն է, եթէ յորմէ իմեմնէ եղեւ ելք իրացն. եւ անդէն ի գուբ մի մահապարտաց ընկեցաւ պատուական նշխարքն եւ ծածկեցաւ ի տեղւոջն, որ կոչի Հոմէնք, բազում ժամանակս:

Then he came to the district of Uti, to the city of Sahar'n, with three of his students. But some of their impious relatives had pursued them. One [disciple] was martyred while the remaining two quit the venerable Elisha and followed the impious and murderous men. Now the blessed patriarch came to Gis, established a church, and offered up bloodless sacrifice. This place was the first of the eastern churches and capitals, and the [initial] place of enlightenment. Thence he crossed the plain of Zergun to the place of sacrifice of the diabolical idol-worshipers, and it was there that he received the martyr's crown. It is unknown who did this deed. The murderers threw those venerable remains into a ditch in the place called Home'nk' where they remained concealed for a long time.

Գիւտ նշխարաց արեւելից լուսաւորչին՝ սրբոյն Եղիշայի։

Ոչ էր պարտ ծածկել ճշմարտութեանն, եւ ընդ փակմամբ լինել լուսոյ։ Յետ բազում ժամանակաց երեւեալ երկիւղած արանց ոմանց տեսլեամբ գան միախումբ ժողով ի տեղի գբին եւ անդ տեսանեն ոսկերս յոգունս շեղջակուտեալս. եւ առհասարակ տարակուսեցան, սակայն հանին, դիզեցին եւ հսկեցին յաղաւթս զգիշերն զայն։ Եւ եղեւ յառաւաւտուն շարժումն մեծ, մինչեւ որ անդն կային անկանել յերկիր։ Եւ եկն հողմ սաստիկ յանապատէն, ցիր եւ ցան զանսրբոցն հոսեաց զոսկերսն ընդ դաշտ ամենայն. եւ մնաց միայն ի տեղւոջն առաքելականն այն նշխարք, զորոյ զգլուխն միայն մեծահաւատ ոմն Ստեփաննոս քահանայ Ուռեկան գեղջ յափշտակեալ ի միջոյն, աճապարեալ յերիվար իւր՝ ի բաց գնաց։ Եւ շարժեալ բազմութեանն զկնի նորա. մառախուղ խաւարային շանթիւք ընդ մէջ անցեալ՝ զարհուրեցոյց զնոսա, որք դարձան ի բանակն։

Եւ տեսլեամբ յայտնեալ Սրբոյն Եղիշայի տարան հանգուցին զնշխարս նորա, ուր եդաւ գլուխն յաւանին Ուռեկան՝ ի ձեռն Սրբոյ քահանային Ստեփաննոսի։ Եւ ապա անտի փոխեցին ի Ներսմիհրայ Սուրբ ուխտն, որ այժմ կոչի Ջրվշտիկ ի փառս տեառն Աստուծոյ ամենակալի։ Իսկ յետ բազում ժամանակաց բարեպաշտն Վաչագան՝ Աղուանից արքայ, կանգնեաց սիւն ի գբի նահատակութեանն Եղիշայի։ Եւ սեննեկապանն արքայի մենակեաց եղեալ ի վերայ սեանն՝ կատարի։

DISCOVERY OF THE RELICS OF SAINT ELISHA, ILLUMINATOR OF THE EAST.

Truth should not be concealed, nor should the light be covered up. After a long period of time certain pious men had a vision [about Elisha] and came in a group to the site of the pit where they saw a jumbled heap of bones. All of them were in doubt but they removed [the bones], gathered them up, and then observed them while praying during the night. In the morning there was a great tremor which caused those standing to fall to the ground. Then a fierce wind blew from the desert which scattered across the field the bones of those who were not saints. Only the relics of the apostles remained in place. A certain pious priest [named] Step'annos, from the village of Ur'ekan, seized one skull from the pile and hastily made off on his horse. The multitude went after him. But a dark cloud with lightning appeared which frightened them, and they returned to camp.

When Saint Elisha appeared [to them] in a vision, they took and buried his remains where the blessed priest Step'annos had placed his skull, in the village of Ur'ekan. Subsequently they were transferred to the holy monastery at Nersmihr, which is today called Jrvshtik, to the glory of the Lord, Almighty God. Now after a long time the pious king of the Aghuans, Vach'agan, erected a pillar at the pit where Elisha had been martyred. The king's chamberlain, who had become a stylite, [dwelt] on the summit of the pillar.

Ըստ կարգի գրոյցք զԱռանայ մինչեւ ցՈւռնայր՝ Աղուանից արքայ եւ ցՏրդատ՝ Հայոց արքայ, ոչ գտաք. այլ հարեւանցի գրեցաւ, որ ինչ ի պետս էր տեղեակ լինել:

Յոյժ ցանկալի էր ըստ կարգաց գտանել զպատմածս որ ինչ յԱռանայ նախազահութենէն ցայսր գործք: Բայց արեւելայցս բազմազգութիւն մատենից եւ կտակարանաց հրկիզութիւնք ամբոխեալ ցուցանեն զորպէսն: Սակայն յայսմ վայրի նպաստաւոր է մեզ Քերթողահայրն Մովսէս զպատերազմելն Արտաւազդայ ընդ Հռովմայեցիսն: Վասն զի ի գումարելն նորա զբիւրաւորսն Ատրպատականայ անդ կոչեաց զհզաւր ազգս լերինն Կաւկասու եւ զզաւրս Աղուանից եւ Վրաց եւ խաղաց ի Միջագետս. եւ սոցին ուժով հալածեաց զզաւրսն Հռովմայեցւոց: Իսկ ի շահատակելն Արտաշեսի ի վերայ Երուանդայ էր նա ի սահմանս Աղուանից՝ յՈւտի գաւառի: Թողու անդէն զզաւրսն եւ ինքն գնայ յիւր քաղաքն: Եւ եկեալ Արտաշէս միաբանէ զզաւրսն Աղուանից ընդ ինքեան եւ ելանէ առ ափն ծովակին Գեղամայ. եւ սոքաւք վանէ զԵրուանդ. եւ ինքն տիրէ Հայաստանեայց:

FROM [THE TIME OF] AR'AN UNTIL KING UR'NAYR OF THE AGHUANS AND KING TRDAT OF THE ARMENIANS WE HAVE NOT FOUND [CHRONOLOGICALLY] ARRANGED NARRATIVES, RATHER [THIS PERIOD] WAS RECORDED ONLY IN PASSING [DETAILING] WHAT WAS NEEDED TO INFORM.

It would have been most desirable to have found accounts chronologically arranged about events [occurring] from [the time of] the reign of Ar'an until this point. However, the burning of books and testaments [dealing with] the many peoples of the East explain this [absence]. Nonetheless we are served [in part] by [passages from the *History* written by] Movse's K'ert'oghahayr[2] about [the Armenian king] Artawazd's warfare with the Romans. When [Artawazd][3] massed tens of thousands [of troops] from Atrpatakan he [also] called up the mighty peoples of Mount Caucasus and the troops of the Aghuans and Georgians [Iberians] and went to Mesopotamia. With their power he dislodged the Roman forces. [Subsequently], while Artashe's was campaigning against Eruand, he was within the territory of the Aghuans, in the district of Uti. He left his troops there and went to his city. Then Artashe's came and united the Aghuan troops with his own and appeared by the shore of Lake Gegham.[4] With them he expelled Eruand and he himself ruled the Armenians.

---

2 *K'ert'oghahayr:* Father of Philology/Literature (i.e., Movse's Xorenats'i).
3 *Artawazd* (ca. 55;30 B.C.).
4 *Lake Gegham:* Lake Sevan.

BOOK I

Զայսու ժամանակաւ միաբանին Ալանք լեռնականաւքն ամենեքումբք, մասն ինչ եւ ի Վրաց, եւ մեծաւ ամբոխիւ տարածանին յերկիրն Հայոց։ Ժողովէ եւ Արտաշէս զզաւրս իւր ընդդէմ նոցա եւ բանակի առ Կուր գետով։ Սաստականայ պատերազմն, ըմբռնի արքայորդին Ալանաց ի ձեռս Արտաշեսի։ Եւ վասն այսորիկ զաւրհորդն Սաթենիկ առնու կին Արտաշէս եւ դառնայ խաղաղութիւն հաստատեալ։ Վախճանի հայրն Սաթինկայ, եւ այլ ոմն բռնացեալ թագաւորէ եւ զեղբայրն նորա հալածէ։ Եւ դայեակն Արտաշեսի Սմբատ եկեալ զաւրու մեծաւ՝ վանէ զբռնացեալն եւ տիրել տայ եղբաւրն Սաթինկայ հայրենի աթոռոյն եւ դառնայ ինքն մեծաւ աւարաւ եւ բազում գերեաւք ի Հայս։ Բնակեցուցանէ զգերեալսն ի գաւառին Շաւարշան, որ է Արտազ գաւառ։ Եւ նախարարութիւն Առաւեղեան տոհմին յազգէ Սաթինկայ է կարգեալ, որ եւ ի ժամանակս մեծին Խոսրովու՝ հաւրն Տրդատայ խնամեցաւ ընդ ումեմն առն քաջի ի Բասղաց եկելոյ։

In this period the Alans united with all the mountain folk and some of the Georgians [Iberians] and in a great mob spread about in the country of the Armenians. Artashēs also summoned his troops and went against them, camping by the shore of the Kur River. The battle raged and the crown prince of the Alans was seized by Artashēs. Consequently Artashēs took the maiden Sat'enik as a wife and, having made peace, returned [home]. Sat'enik's father died and another person seized [power] and became king. [This usurper] then persecuted [Sat'enik's] brother. Smbat, the *dayeak* of Artashēs, came with a great army, expelled the usurper and placed Sat'enik's brother on [his] ancestral throne. Then [Smbat] returned to Armenia with great booty and many captives. He settled the captives from the district of Shawarshan in the district of Artaz. And the lordship of the Ar'aweghean clan was drawn from [the clan of] Sat'enik, which, in the time of Xosrov the Great, Trdat's father, was allied by marriage with a certain valiant man of the Basighk'.

Հաւատալն Ուռնայրի եւ մկրտելն ի ձեռաց սրբոյն Գրիգորի. եւ Աղուանից միաբան լուսաւորելն ընդ ձեռամբ Ուռնայրի արքայի:

Վասն զի երանելին Եղիշայ զառաքելագործն մշակութիւն ի ծագաց երկրի սկսեալ՝ լուսաւորեաց զմասունս ինչ արեւելից հիւսիսոյ, այլ ոչ զամենեսեան. եւ նոյն ինքն զբարուք կատարեալ զմարտ ի վերայ ժողովրդեան իւրոյ ճգնեցաւ: Այլ յոր ժամանակս այց արար Աստուած ազգի մարդկան՝ ընդհանուր ծաղկեցոյց զարեւմտեայ կոյս մեծ կայսերբն Կոստանդիանոսիւ, լուսաւորեաց եւ զՄեծ Հայս երանելեաւն Տրդատաւ: Ած ի հաւատս եւ զելս արեգականն, որ սակաւ ինչ ծանուցեալ էին զծագումն փրկութեան ճշմարիտ արեգականն: Կրկնակի ընդ ձեռն Ուռնայրի գերագոյն լուսաւորեցան: Եւ այսք ի միում ժամանակի եղեն հրաշք յԱստուածուստ:

Եւ էր Ուռնայր՝ արքայ Աղուանից, քեռայր Շապհոյ՝ Պարսից արքայի, քաջազաւր այր, որ ի մեծամեծ պատերազմունս հոյակապ անուն ժառանգեաց ի մէջ Հայաստանեացն, նշան յաղթութեան կանգնեալ: առնու եւ զվերստին ծնունդն ի Սրբոյն Գրիգորէ՝ Հայոց Լուսաւորչէ, եւ գայ լուսազգեստեալ ի Հոգւոյն Սրբոյ, առաւել լուսաւորէ զԱղուանս եւ կայ մնայ որդի մշտնջենակալ լուսոյն, փախճանէ զմարդկային զկեանս: Իսկ զկնի մահուանն սորա խնդրեցաւ յԱղուանից մանուկն Գրիգորիս ի կաթողիկոսութիւն իւրեանց, զի Ուռնայր՝ արքայն մեր խնդրեաց ի Սրբոյն Գրիգորէն Սուրբ Ձեռնադրութեամբն լինել եպիսկոպոս աշխարհին իւրոյ: Որք եւ այսու կանոնիւ կացին աշխարհս Հայոց եւ Աղուանից համակամ եղբայրութեամբ եւ անքակ ուխտիւ մինչեւ ցայսաւր:

UR'NAYR BELIEVES AND IS BAPTIZED BY SAINT GREGORY AND, WITH ONE ACCORD, THE AGHUANS ARE ILLUMINATED BY KING UR'NAYR.

After the venerable Elisha had begun his apostolic work in the extremities of the country, he illuminated some but not all of the Easterners of the north. He conducted the campaign in a goodly fashion, striving for his people. Now in the time when God visited the human race and made the West to flourish under the great Emperor Constantine, Greater Armenia also was illuminated by the venerable Trdat. The eastern areas were also brought to the faith, areas which were little acquainted with the rising of the Sun of true salvation. Once again at the hand of Ur'nayr, [these areas] were illuminated. These divine wonders occurred at the same time.

King Ur'nayr of the Aghuans was the husband of the sister of Shapuh, king of the Persians. He was a valiant man who had inherited the renown of a champion in great battles among the Armenians and had raised the flag of victory. He had a second birth at the hands of Saint Gregory, illuminator of the Armenians, and, clothed in radiant garments of the Holy Spirit, he further illuminated the Aghuans. He lived as a son of the eternal light and then quit this human existence. Now after his death, the Aghuans requested the lad Grigoris for their Catholicos. For our King Ur'nayr had asked Saint Gregory to perform holy ordination [for Grigoris] as a bishop for his land. And thus, by this canon, the lands of the Armenians and the Aghuans have abided in harmonious brotherhood and indestructible covenant to the present.

Վասն Վաչէի Աղուանից արքայի թէ զիա՛րդ ուրացաւ զհեթանոսական գործ մոլորութեան եւ հաւատաց յԱստուած կենդանի. եւ ետ պատերազմ ընդ Պարսս եւ միանձնացաւ յանապատի սուրբ վարուք:

Յինն եւ ի տասներորդի ամի թագաւորութեանն Յազկերտի հասանէ նմա վախճան մահու. եւ ընդ հակառակս լեալ երկու որդիքն նորա ի վերայ տէրութեանն կռուէին: Մինչ դեռ նոքա յայսմ խռովութեան էին, ապստամբի եւ Վաչէ՝ արքայն Աղուանից: Զի էր նա նոցա քեռորդի եւ յառաջ լեալ էր քրիստոնեայ ըստ հայրենական աւանդին, զոր Ուռնայր հաստատեաց, եւ անաւրէնն Յազկերտ արար բռնութեամբ զնա մոգ: Իսկ յայսմ վայրի ժամ գտեալ պարապոյ անձին իւրոյ՝ լաւ համարեալ մեռանել պատերազմաւ, քան ուրացութեամբ ունել զթագաւորութիւնն: Ընդ երկարել՝ խռովութեանն Արեաց գնդին՝ ոմն Ռահատ անուն ի Միհրեան տոհմէ, որ էր դայեակ կրտսեր որդւոյն Յազկերտի. սա դիմեաց գալ անբաւ գնդիւ իւրով ի վերայ երէց որդւոյ թագաւորին. Եհար սատակեաց զգունդն եւ ձերբակալ արար զորդին թագաւորին եւ անդէն ի տեղւոջն սատակեաց. եւ զմնացեալ զզաւրսն ած հաւանեցոյց եւ միաւորեաց ի գունդն Արեաց: Եւ թագաւորեցոյց զիւր սանն, որում անուն էր Պերոզ:

REGARDING VACH'E', KING OF THE AGHUANS: HOW HE ABANDONED PAGAN ERROR AND BELIEVED IN THE LIVING GOD, AND HOW HE BECAME A CENOBITE LIVING A BLESSED LIFE IN THE WILDERNESS FOLLOWING WAR WITH PERSIA.

In the nineteenth year of his kingship, death came to [the Iranian *shah*] Yazdgird. There was contention among his two sons and they fought over the lordship. While they were thus fighting, Vach'e', king of the Aghuans, also rebelled. For he was the son of their sister, and had previously been Christian, according to the patrimonial tradition which Ur'nayr had established. But the impious Yazdgird forcibly made him a Magian. Now he considered this a favorable moment [to rebel], regarding it better to die in battle than to hold the kingship in apostasy. During the protracted disturbance within the Aryan army, a certain man named R'ahat, of the Mihran clan, who was the *dayeak* of Yazdgird's younger son, came with his countless troops against the king's eldest son, attacked and destroyed his troops, seized the king's son, and slew him on the spot. He brought the surviving troops to acceptance and united them into the Aryan army. Then he enthroned his ward, who was named Peroz.

BOOK I

Իսկ արքայն Աղուանից ոչ կամեցաւ նուաճել անդրէն ի ծառայութիւն, այլ խրամատեաց զպահակն Ճողայ եւ անցոյց յայն կոյս զզաւրսն Մասքթաց: Միաբանեաց ընդ իւր եւ զմեւտաւան թագաւորսն զլեռնորդեայսն եւ ընդդէմ եկաց պատերազմաւ Արեաց գնդին եւ բազում վնաս արար զաւրացն արքունի: Եւ գրեալ երկիցս եւ երիցս հրովարտակս աղաչանաց, ոչ կարաց ածել զնա ի հաւանութիւն, այլ գրով եւ պատգամաւ յանդիմանէր զնա՝ վասն զուր աւերելոյն զաշխարհին Հայոց: Յիշեցուցանէր եւ զմահ նախարարացն եւ զչարչարանս կապելոցն, որոց փոխանակ կեանս տալոյ սիրոյն եւ վաստակոցն զարեւսն հատէք: Լաւ լիցի ինձ չարչարանաւք մեռանել, քան ուրացութեամբ կեալ:

Եւ իբրեւ գիտացին, եթէ ոչ բռնութիւն եւ ոչ սէր կարեն ածել զնա ի հաւանս, զանձ սաստիկ ետուն տանել յաշխարհն խայլանդրաց: Եւ բացին զդրունս Ալանաց եւ հանին գունդ բազում ի Հոնաց եւ կռուեցան զմի ամ ընդ Աղուանից արքային:

Եւ թէպէտ պակասեցան եւ ցրուեցան զաւրք նորա, սակայն զնա ոչ կարացին ածել ի հաւանս, այլ եւ հարուածք մեծամեծք հասին ի վերայ նոցա՝ էր որ կռուով եւ էր որ չարաչար ախտիւք ծիւրեցան: Եւ յերկարել պաշարմանն՝ Մեծ Կողմն աշխարհին աւերեցաւ, այլ ոչ ոք ի նմանէն բաժանեցաւ:

Ապա յղեաց առ Վաչէ թագաւորն Պերոզ. «Զքոյրդ իմ, ասէ, եւ զքեռորդիդ ի բաց տուր ածել, զի ի բնէ մոգ էին, եւ դու քրիստոնեայ արարեր. եւ աշխարհդ քո քեզ լիցի»:

But the king of the Aghuans did not want to submit in service [to the Iranians]; rather, he threw open the Ch'oghay Gates and brought through the troops of the Mask'ut'k'. He also allied with himself eleven mountain kings, came out in battle against the Aryan army and did substantial damage to the royal troops. [King Peroz] wrote edicts two and three time beseeching him, but was unable to bring him to agreement. [Vach'e'] reproached [Peroz] in writing and in messages for having vainly ruined the land of the Armenians. He also reminded him of the death of his *naxarar*s, the torture of prisoners. [Vach'e'] said: "Instead of granting them life, friendship, and rewards, you took their lives. For me, it is better to die tormented than to live in apostasy."

When [the Iranians] saw that neither force nor kindness would bring him to agreement [with them], they had an enormous amount of treasure taken to the land of the Xaylandurk'. And they opened the Alan Gates and brought in a large force of Huns, and battled for a year against the king of the Aghuans.

Despite the fact that they depleted and dispersed his troops, they were still unable to bring [Vach'e'] into agreement. Furthermore, very great disasters befell them, some from fighting, and some from wicked diseases. Though the siege continued, and [the area called] Mets Koghm in the land was ruined, still no one deserted him.

Then King Peroz sent [this message] to Vach'e': "Send my sister and her son home, for they were Magian originally, though you made them into Christians. And then your land will be yours."

Իսկ երանելի այրն ոչ ի վերայ տէրութեանն կռուէր, այլ յաստուածապաշտութեանն մրցէր: Եւ ետ տանել զմայրն եւ զկինն, եւ զաշխարհն բովանդակ ի բաց եթող, եւ ինքն զաւետարանն առ եւ ի բաց կամէր գնալ: Զայն լուեալ թագաւորին Պարսից Պերոզի՝ ի զիղջ եկեալ, զամենայն վնասն ի հայրն իւր արկանէր. Անսուտ երդմունս կնքէր եւ տայր տանել առ նա՝ եթէ յաշխարհէդ միայն մի՛ գնար, եւ զոր ինչ ասես, առնեմ:

Իսկ սա հաճեցաւ միայն զսեպհականն առնուլ բաժին իւր, զոր ի հաւրէն էր առեալ հազար երդ: Առ զայն ի թագաւորէն եւ նստաւ ի նմա միայնակեցաւք հանդերձ. եւ այնպէս անզբաղապէս կեայր ըստ Աստուծոյ: Եւ ոչ յիշեաց ամենեւիմբ, եթէ թագաւոր լեալ իցէ յառաջ: Այս եղեւ վարք նորա:

But the venerable man [Vach'e'] was not fighting for his domain, rather for his faith. He had the mother and wife taken [to Iran], [prepared] to quit the entire land taking up the Gospel. When Peroz, king of the Persians, learned about this, he repented and threw all the blame on his father. He made sincere pledges and had them delivered to him: "if only you do not quit the land, I will do whatever you say."

However [Vach'e'] agreed only to take his own private property as his portion along with the thousand families he had acquired from his father. These he took from the [Iranian] king and settled down in the company of monks. And thus did he live according to God, uninvolved [in worldly affairs]. Nor did he ever recall that he had once been a king. Such was his life.

Թուղթ առ Գիտայ եպիսկոպոսի առ սուրբն Վաչէ:

Լի երկնաւոր շնորհաւքն Աստուծոյ, ողջոյն: Ի ճառս սուրբ սիրոյ քոյ առաքինութեան ի կամս կամաց անձին իմոյ բղխեցան միտք իմ երկնաւոր զաւրութեամբն՝ յաւժարեցայ պատմող լինել բանիւ:

Եւ ահ անկաւ ինձ մեծ եւ ահագին եւ բարձրագոյն քան զերկինս երկնից եւ խորագոյնս քան զներքին կիսագունդն: Եւ յամենայն կողմանց շուրջ պաշարեաց զինեւ ի վեր եւ ի վայր, ի վերջ եւ յառաջ, յաջ եւ յահեակ. փախչել ոչ կարեմ եւ խորամուխ լինել երկնչիմ: Մի եթէ զուցէ ընկղմիցիմ որպէս Պետրոս առաքեալ ի ծով անդնդային, բայց եթէ տէր Յիսուս ձեռն կարկառուցու յազնականութիւն: Յայս սակս քաջալերեցայց եւ յանմուխդ մխեցայց: Քանզի բան ունիմ մտաց գործի, եթէ զտից ինչ հիւթ յաննիւթ հոգեկիր յառաքինութենէ արանց քաջաց, որք զհրեշտակս ածին ի զարմացումն եւ անգիր աւրինաւք անձամբ անձանց աւրէնք եղեն, եւ առանց աւրինաց զմտէրն ի վեր ծանեան եւ զեղեալսն գիտացին ընդ աւրինաւք, եւ առանց առաջնորդի եւ մարգարէի ուրուք եւ կամ երկնաւոր հրեշտակի աստուածատեսք եղեն:

LETTER FROM BISHOP GIWT TO SAINT VACHE.

Greetings to you, who are full of God's heavenly grace. The thought of addressing your holy love of virtue sprung into my mind by the heavenly power and I have disposed myself to put it into words.

I was befallen by a tremendous fear that is higher than the heaven of heavens and deeper than the inner hemisphere. It has besieged me from above and below and from all sides: I cannot flee and I am afraid of being immersed in it lest I drown like the apostle Peter in the abysmal sea should Lord Jesus not stretch out his hand to assist me. Yet should He assist me I would find the encouragement to plunge into its fathomless depths, for the voice of reason at work in my mind tells me that I shall find an intangible essence inspired by the Holy Spirit in the virtue of valorous men who surprised angels, and who, by unwritten laws themselves became law, and without laws came to know the Lord on High and to understand His laws, thus coming to witness God without so much as a guide, a prophet or even a heavenly angel.

Արդ՝ ահա՛ յորմէ երկուցեալն էի, ի ձեռն սիրոյ մատոիմ, եւ յուսով մերձենամ, եւ հաւատովք աներկիւղ հաստատիմ, եւ սկսանիմ, ուստի արժանն է սկսանել: Որպէս յառաջագոյն սէրն Քրիստոսի բնակեաց ի նախնւոյն ձերում Ուռնայրի, նախանձ երկնաւոր եբեր ընդ Տրդատայ Հայոց արքային. իբրեւ լուաւ զմեծամեծ սքանչելիսն Աստուծոյ, որ ի ձեռն Սրբոյն Գրիգորի նշանք եւ արուեստք գործեցան յաշխարհին Հայոց, փաղփաղակի դառնալ սոցա ի բազում շաւղաց մոլար ճանապարհին առ մի ճշմարիտն Աստուած: Աստուածածանաւթութեամբ եւ բարեկամութեամբ ի բաց ընկեցին զծանրատաղտուկ զլուծն հեթանոսաց, թաւթափեցան. թեթեւացան, թեւակոխեցին, թռան եւ յերկինս ճախրեցին:

Զայս լուեալ քաջին Ուռնայրի՝ ո՛չ դլաց, եւ ո՛չ դադարեաց, եւ ո՛չ ի ձեռն ծառայական հրեշտակի, այլ ինքնին մեծ թագաւորն մեծամեծաւք նախարարաւք եւ բազմագունդ զաւրաւք գայր հասանէր յաշխարհին Հայոց յանդիման լինէր հսկայազաւր թագաւորին Տրդատայ: Իսկ նորա եղբայրաբար, սիրով եւ բարեկամութեամբ ընկալեալ՝ զբոլորայնովքն առաջի առնէր նմա, զներքին եւ զարտաքին խորհուրդս մերկանայր եւ դնէր առաջի նորա՝ հանդերձ Սրբովն Գրիգորիւ եւ ամենայն բազմութեամբ զաւրացն Հայոց: Խոնարհէր թագաւորն ծեր, անկանէր եւ պատէր զոտիւք եւ զձեռաւք Սրբոյն Գրիգորի, պատմէր զամենայն մոլորութիւն հեթանոսաց եւ ինքն խոստովան լինէր վասն ոգիտագործ մեղացն յանցանաց:

And now, indeed, that which I once feared, I approach with love and hope, and by faith I am fearless and I begin where it is fit to do so: In the love of Christ in which your forefather Urnayr used to live, who brought forth heavenly zeal with King Trdat of Armenia. When he heard of God's great miracles that took place in Armenia through the signs and wonders of Saint Gregory, he turned at once from his errant ways and toward the one true God. And in knowing God and in their friendship with Him they threw away the onerous yoke of the heathens, shook themselves off, lightened their burden, and soared and flew up to the heavens.

Hearing this, the brave Urnayr did not cease, and sent no messenger; rather, the great king went with his grandee nakharars and many regiments of soldiers, arrived in Armenia and approached the giant of a king, Trdat, who received him before all like a brother, with love and friendship, and laid bare his secrets (both internal and external) before him in the company of Saint Gregory and the great multitude of the Armenian army. The old king was humbled. He fell down and clutched onto Saint Gregory's hands and feet, told of all the erroneous ways of the heathens and confessed his own sins that he wrought out of ignorance.

Քաջալերէր զնա Սուրբն Գրիգորիոս ի գալուստ մարմնաւորութեան որդւոյն Աստուծոյ, որ ի թողութիւն եկն եւ ոչ ի դատապարտութիւն, ի կեցուցանել եւ ոչ ի մեռուցանել. եւ յառաջ անցելոցն ի հողոյ կեանս խոստացաւ: Զայս ամենայն իբրեւ լսէր թագաւորն ծեր, ինքն եւ ամենայն զաւրքն, որ ընդ նմա, զաւուրս քառասունս պահուց աւանդէին զանձինս իւրեանց՝ ի բաց հրաժարելով յառաջին ըստգտանելի գործոցն: Եւ յաւուրն յիսներորդի իբրեւ ուրացանն ի սատանայէ եւ յամենայն գործոց նորա եւ խոստովանեցան երկրպագել զՍուրբ երրորդութիւնն, էջ թագաւորն յամենասուրբ ջուրն եւ ամենայն զաւրքն ընդ նմա: Եւ կատարեաց զնոսա քահանայապետն ի վերստին ծնունդն՝ ի յերկնաւոր որդեգրութիւնն, ելին ամենեքեան լցեալ Հոգւովն Սրբով: Ի նմին ժամանակի շնորհեցաւ նոցա այր մի երանելի՝ ձեռնադրեալ յեպիսկոպոսութիւն ի Հռովմ քաղաքէ, որ եկեալ էր ընդ Տրդատայ արքային:

Այսու երկնաւոր բարեաւք լցեալ՝ եկն Ուռնայր արքայ, եմուտ յաշխարհն Աղուանից, ուսոյց եւ կատարեաց զնոսա առաքելական կանոնաւք: Ընկալան ամենեքեան զդրոշմն երկնաւոր եւ գրեցան ի դպրութեան կենացն: Հալածեցան դեւք աշխարհիդ, խափանեցան զոհք եւ ճենճերք, ամաչեաց մոլորութիւնն, բարձրացաւ ճշմարտութիւնն, թագաւորեաց լոյսն աներեւոյթ, մերժեցաւ կամակոր խաւարն, կարգեցան երեխայրիք եկեղեցւոյ, տասանորդեցան պտուղք կալոց եւ հնձանաց, անդոց եւ շտեմարանաց, խաշանց եւ ամենայն ընտանի անասնոց: Նաեւ զհող երկրին եւս ի նոյն վիճակեցոյց եւ հաստատեալ կալաւ կարգ ուղղութեան առ նախնեաւքն ձերովք, եւ հարքն քով երանելեաւ եւ մեծամեծ հաւովքն եւ հանւովքն մինչեւ ի ժամանակս քոյոյ սքանչելի տէրութեանդ:

Saint Grigorios encouraged him with the coming of the incarnation of the Son of God, who came in forgiveness and not judgement to grant life and not death and promised life to those who had passed away. When the old king heard all this, he and all the soldiers who were with him started a 40 day fast and renounced their former deeds. On the 50th day, when they had abjured Satan and all his works and swore to worship the Holy Trinity, the king went down into the most holy water together with all his soldiers. The chief priest carried out the rebirth of their heavenly adoption and they all came out filled with the Holy Spirit. At the same time a blessed man from the bishopric of Rome who had come with king Trdat presented himself to them.

King Urnayr, who was filled with these heavenly gifts, came to Aghuank and imparted them through the Apostolic canons. Everyone received the heavenly seal and was written in the Book of Life. The devs of the land were driven out, sacrifices and immolations were prohibited, aberration was disregarded, the truth was exalted, the invisible light reigned, the perverse darkness was expelled, the first fruits of the Church were designated, the fruits of the threshing floor and winepress were tithed, as well as of the fields, storehouses, flocks and all domesticated animals. The land of Aghuank was also applied for the same purpose and this order was established under your ancestors, your blessed fathers and eminent grandfathers to the very time of your marvelous rule.

Վիշապն, որ հինն էր յաւուրցն առաջին մարդոյն, եւեւս զչքնաղ ծնունդ քոյոյ բնութեանդ առաջինն ի հայրենի հաւատոյն, երկրորդ որ ի գոռոզ վիճակէն։

Յոյժ կասկած ի միտ անկաւ չարաւէր թշնամւոյն, եթէ գուցէ ընդ որս եղեւ մուտ կենաց յաշխարհս Աղուանից՝ ընդ այն ծնունդ եւ մուտ ճշմարտութեանն յաշխարհն արեւելից։ Տտապեցաւ, տագնապեցաւ, տարակուսեցաւ առաւել քան յաւուրսն Յոբայ արդարոյ։ Ժողովեաց գումարեաց զզաւրսն իւր խաւարայինս, յայտնեաց նոցա զախտն չար, որ տանջէրն զնա։ Ամենեքեան զահի հարան եւ դողացին՝ ի միաբանութիւն եկեալ, ելս իրացն խնդրեցին. «Մի այդպէս, ասեն, տագնապեր յանձն քո, ո՛վ քաջդ. կանուխ է մոլորութիւնս մեր, քան զճշմարտութիւնն նորա. տկար զաւազանաւն առաջին մարդոյն յաղթեցեր, մեծ թագաւորաւս որդայոցն չկարե՞ս կալ առաջի»։ Զայս ասացին եւ զհամատարած ծովն շարժեցին ի վերայ քո։ Իջին ի նա աւդք մրրկածինք, շարժեցին եւ յուզեցին ի վերայ նորա զբազմութիւն ալեաց։ Սկսաւ մրմռել, ելանել, տարածանել, ապականել զդաշտս եւ զլերինս։ Եկն եհաս ի վերայ քո միանգամայն բազմութիւն ազգաց հեթանոսաց՝ ահաւոր զաւզանաւք, խառնաղրոշմն նշանաւք, բազմաձայն փողաւք, գալարափող գոչմամբ, անտառախիտ նիզակաւք, ճառագայթաւոր սուսերաւք, ուկեկմբեայ վահանաւք, թանձր եւ ստուար մկնդաւք։ Հողեղէնքն զհոգեղէնսդ երկեցուցանէին, եւ ապականացուքն զանապականսդ կամէին կորուսանել, եւ անաստուածքն զաստուածային շառաւիղդ կամէին յարմատոցն կտրել. երկիցս եւ երիցս պարտեցան եւ ոչ ամաչեցին։

The serpent, who was already old in the days of Adam, witnessed the beautiful birth of your nature, being the first of your ancestral faith and the second to break away from the arrogant lot.

A great suspicion befell the mind of the wicked enemy that truth might enter the land of the East by the same birth through which life entered the land of Aghuank. So he hurried and took greater alarm and more dread than in the days of Job the Just. He assembled his soldiers of darkness and informed them of the wicked illness that tormented him. They were all afraid, and trembled, then came into agreement and searched for a way out of these troubles: 'Do not anguish, O valiant one: our aberrance precedes his truth. You conquered the first man with your feeble staff; can you not withstand these children with the great king?' They said this and roused the sea against you. Stormy winds came down and stirred and roused a great many waves. Then the sea started to rumble, rise and swell, spoiling the plains and mountains. The great multitude of the nations of heathens came upon you together with their fearsome brutes, assorted insignia, blaring horns, the cry of trumpets, forests of spears, shining swords, gilded shields, and large, heavy lances. Earthly mortals wished to frighten your immortal spirit, the corruptible wished to destroy the incorruptible, and the godless ones wished to cut your branch from the roots. They were defeated two and three times, but were unashamed.

Իսկ այն, որ նստի յերկնից երկինս եւ տեսանէ զաշխարհս ամենայն ականելով եւ կշռելով զքարի աւրէնս, եւ որ ընդդէմ իցեն, ետես զքեզ միայն աւրինաւոր, թոյլ ետ պատել շուրջ զքեւ բոց սաստիկ հնոցին: Վառեցան, բորբոքեցան եւ այրեցան իբրեւ փուշք ի մէջ հրոյ: Նմանեցար երից մանկանցն ի հուր հնոցին, զզաւրութիւն հրոյն շիջուցեր, զխոշորութիւն կայծականցն ի կակղութիւն վարդի փոխեցեր, զմղձկութիւն ծխոյն ի սպիտակութիւն շուշանի շրջեցեր, զայրեցող բընութիւն հրոյն յարարող զաւրութիւն սովորեցուցեր, զերրորդութիւնն Աստուծոյ յերկնից յերկիր ածեր քեզ յաւգնականութիւն: Իմաստունք նոցա յիմարեցան, քաջն նոցա վատեցան, սպառնալիքն նոցա դադարեցին, նահատակք նոցա ղաւղեցան, բազմութիւնք նոցա սակաւացան:

Երանի է քեզ եւ երանի է, որ մերձ են առ քեզ: Սակաւ էիր թուով եւ անթիւ եղեր բազմութեամբք. սակաւ էիր յայտնէաւք եւ անթիւ եղեր անյայտնեաւք. նիզակ քո նիզակ Յեսուայ, եւ սպառազինութիւնք քո սպառազինութիւնք սպարապետին Աստուծոյ. ձայն փողոյ քոյ իբրեւ զձայն հրեշտակապետին Աստուծոյ, որ իջանէ ընդ նմա յաւուրն յարութեան: Ձայնն նորա, որ զերկիր շարժէ, զվէմս դղրդէ, զգերեզմանս աւերէ, զմեռեալս յարուցանէ, զհընացեալս նորոգէ, զդատաստանս հաստուցանէ՝ ոմանց ի ձախակողմն եւ ոմանց ի յաջակողմն: Այս Աստուծոյ միայն է եւ նմա վայել է. իսկ քեզ իբրեւ հաւատարիմ ծառայի եւ սիրելւոյ եւ ժառանգաւորի արքայութեանն ետ շնորհս երկնաւորս, զի զաւուրն յարութեան բերէ նմանութիւն:

HISTORY OF THE AGHUANS

The One who sits in the heaven of heavens and sees everyone in the world, those who observe and weight good laws and those who oppose them alike, saw that only you were lawful and allowed the fierce flames of the furnace to surround you. They flared up, blazed and burned like thorns in the fire. Yet you resembled the Three Children[5] and extinguished the force of the fire. You made the mass of sparks as tender as a rose, the dense smoke as white as a lily and the consuming fire into creative power. You brought God's trinity from heaven to your aid on earth. Their sages went mad, their men of courage became men of weakness, their threats ceased, their heroes went into hiding and their multitudes diminished.

Blessed are you, and blessed are those who are in your company. You were few in number and became an innumerable multitude; visibly, you were few in number, mysteriously, you were innumerable. Your spear was Joshua's spear, your armaments, those of God's general; the sound of your trumpet is like the sound of God's Archangel, who will come down with Him on the Day of the Resurrection. His voice will cause the earth to quake, the rocks to shake, the graves to break, the dead to wake, the old it will remake, for Last Judgment's sake, with some to the sinister side and some to the right. This is only befitting of God, who has granted heavenly grace to you as a faithful servant, beloved and heir to His kingdom, in likeness to the Day of Resurrection.

---

5   Daniel 3:26-35; 42-45.

Որ պարծէր ի չարն, տագնապեցաւ. որ խիզախէր ի մոլորութիւնն, յիմարեցաւ: Ամենայն ինչ քո գնդին կրկին է. Եթէ զրահք էին պահապանք մարմնոյ, ընդ նմին եւ զրահքն հաւատոյ. եթէ սաղաւարտ էր ի զգուշութիւն սուսերի, ընդ նմին էր եւ սաղաւարտ փրկութեան. եթէ վահան ունէիր ընդդիմահար լանջացդ առաքինաց, ընդ նմին ունէիր եւ զվահանն համբերութեան հաւատոց. եթէ նետ ի կորովից քոց թռչէր ուղղակի, ընդ նմին եւ աղաւթք Սուրբք խնդրուածաց քոց վաղվաղակի գեր ի վերոյ գտանէին, քան զերկինս առաջի Աստուծոյ. Եթէ շողայր սուսեր ի բազուկսդ առաքինիսդ, ընդ նմին լուսաւորութիւն հաւատոց քոց ի մէջ հրեշտակաց փայլատակմունս արձակէր: Դրաւշակք քո դրաւշակք երկնաւորք եւ տէգք նիզակի քո ճառագայթաւորք իբրեւ զլարս արծաթոյ արեգական:

Այս է, որ զահի հարեալ էի ի սկզբան պատմութեանս, եթէ զիարդ կարացից բանիւ պատմել զայնմանէ, որ ի վեր քան զբանն գտանի: Բանս չորեքնիւթեայս աշխարհիս կարէ ասել: Եւ այս վիճակ ոչ ամենեցուն է, այլ որ քաջն դեգերեցան յուսումնասիրութեանն ի թուականին, յերկրաչափականին, յաստեղաբաշխականին, ի բժշկականին եւ ապա ի ծայրս ծագաց հասին ի մարգարէականն, յառաքելականն, յաւետարանականն, որ է սկիզբն եւ ընձիւղումն: Եւ թէպէտ եւ ունէի զայս ամենայն արուեստս նիւթականաց պատմող, եւ էիր դու երբեմն նիւթական, այլ այժմ զաննիւթոցն ունիս զնմանութիւն:

He who boasted in evil was alarmed and he who swaggered astray went mad. Everything in your army is magnified: If your breastplates protect your bodies, then they were also breastplates of your faith; if your helmets protect your heads from swords, then they are also the helmets of your salvation; if you held shields before your chests, then you also held shields to protect your long-suffering faith; if your arrows flew straight by your vigor, then by your vigor your Holy prayers quickly soared above the heavens before God. If your swords glistened in your valiant arms, the splendor of your faith flashed like lightning among the angels. Your banners were heavenly banners and your spearheads gleamed like silvery sunbeams.

This is what I feared at the start of my narration; namely, how can I explain in words that which is above words? For our words can only describe the world of elements, though even this is not the case for everyone, but for those who persist in the study of arithmetic, geometry, astronomy and medicine, and then approach the summits of the prophets, the apostles and the Gospel, whence they germinate. Though I possess these requisites to explain the elements, and though you yourself were once composed of elements, you have now attained the image of the immaterial.

Ընդ արուեկին կշռեցից զքեզ՝ դու պայծառագոյն քան զարուեակդ նշոյլս արձակես: Արուեակն զվեց ամիս արուեակ է եւ զվեց ամիս գիշերավար: Արուեակն յայգուն պահու եւեթ երեւի, իսկ դու ի քսան եւ ի չորս ժամս՝ ի տուընջեան եւ գիշերի: Եւ եթէ զլուսին ածից քեզ յաւրինակ, յոյժ ծիծաղելի է իմաստնոց. Երկոտասան անգամ ի տարւոջն վիժած, ժանգահոծ, մանգաղաձեւ, կիսագունդ, խոնաւալից, կիսալոյս, հիւանդոտ, գիշերագնաց, խաւարասէր, լուսատեաց, չղջանման, պակասընթաց, խաւարատանջ, բազում անգամ ի թաքուստ մտեալ: Իսկ դու լիալայն, բարձր լուսասարաս, աւետաբեր, հրեշտակակերպ, ուրախարար, քաջալերիչ, պայծառ եւ գեղեցիկ քան զամենայն հասակակից ընկերս քո: Ոչ ինչ բաւական քեզ բաւեմ ասել, որ քան զարեգակն ի վեր գտանիս, ոչ զնա թշնամանեցից եւ զքեզ գովեցից, այլ զբնութիւն նորա պատմեցից քեզ. շեղագնաց, թիւրընթաց, կողմնաւոր, ստուերաշուք, հարաւաբնակ, ձմեռնատանջ, ամառնակէզ, թաւնուտ գարնանի եւ երաշտուտ աշնանի, գիշերակոյլ, առաւաւտածին, ծաղկաթարշամ, դալարացամաք, կենդանահալած ի ստուերս ի միջաւրէի, կիսաբաժին յաւուրն ողջունի. յիրաւի սմա Յոյնք Ապողովն կարդացին: Եւ ապա եթէ զդուզնաքեայ ճառագայթս ածցես զմտաւքդ, ընդ նմին եւ զայն գիտասցիր. գիշերաւ է ծածկեալ, ամպովք է թաքուցեալ, փոշեաւք է մղտացեալ եւ մրրկաւք է պլեկծեալ: Դու արեգական նմանեցեր, ի հաւրէ զաւրացար, ի յորդւոյ քաջալերեցար, ի Սուրբ Հոգւոյն լուսաւորեցար, ի գիշերի տեսանիս եւ ի տըւընջեան թափ անցանենն ճառագայթք հաւատոց քոց:

And so I shall compare you to the morning star. You emit brighter beams than the morning star, which for six months of the year is the morning star and for six months is the evening star, for day by day you are the morning star and superior even to the morning star. The morning star appears only at dawn, but you shine for 24 hours, day and night. Were I to compare you to the moon, it would be risible to the wise, for it aborts twelve times a year, becomes rusty, sickle-shaped, hemispheric, full of humidity, half-lit, sickly, nocturnal, attached to darkness, hateful of light, batlike, sluggish, only to then be tormented by the dark and remain frequently in hiding. But you are extensive, tall, made of light, a bearer of good news, angelic, encouraging, and more radiant and beautiful than all your peers. I cannot say enough about your superiority to the sun, not so as to insult it and praise you, but to tell you about its nature: it follows an oblique and crooked course, is tilted, southerly, casts shadows; suffers in the winter and scorches in the summer; is rainy in the spring and barren in the autumn; devoured by the night, born of the morning; withers up the flowers and dries up the grass; chases animals to the shadows at noon and divides the day in two. The Greeks were right to call it Apollo. Now should you contemplate its brightness, do not forget that it is hidden by the night, hidden behind the clouds, covered by the dust, and agitated by foul weather. You are like the sun, strengthened by the Father, encouraged by the Son and enlightened by the Holy Spirit. By night you are seen and by day the beams of your faith peer through.

Ասացից առ քեզ եւ բան ինչ առակաւոր. յամենայն կողմանց աչացար. սրատես ես քան զարծուի եւ երագալուր քան զմի ի հանդարտ անասնոց. ոչ միայն զերկինս տեսեր, այլեւ զերկնից մեծն տեսեր, եւ զփոքրս թողեր, զանցաւորս ետուր եւ զանանցն առեր, ի բաց ընկեցեր զոսկիակուռ թագ թագաւորին եւ ահա կայ պահի քեզ անձեռագործ պսակն, զոր ընդունելոց ես յամենասուրբ ձեռացն Քրիստոսի: «Որ թողցէ վասն աւետարանին զհայր եւ զմայր եւ զքորս եւ զեղբարս եւ զամենայն ստացուածս իւր, զհարիւրապատիկն աստէն ընկալցի եւ զկեանսն յաւիտենից աշխարհին, որ ոչն անցանէ»: Զայդ աղքատի ումեք դիւրագոյն է առնել, իսկ առն թագաւորի, իբրեւ զքեզ, անհնար է: Ապա եթէ արասցէ ոք, որպէս եւ արարերդ, մարդկան անհաւատալի, հրեշտակաց զարմանալի, Աստուծոյ նմանելի, որ եթող զանթիւ բիւր բազում զաւրս հրեշտակաց եւ եկն ի գձուձ կերպարանս մարդկան, գտաւ մարդ: Քո գործդ Աստուածոյ նմանի: Նա բոլոր աշխարհի եղեւ կեանք եւ փրկութիւն, եւ դու բոլոր աշխարհի բացեր զդուռն կենաց եւ փրկութեան: Քոյին իսկ աշխարհիդ հայրենի հաւատքն պահեցան, եկեղեցիք շէն մնացին, վկայարանք ի խաղաղութեան, քահանայք ի քահանայութեան, պատարագք ի սեղանս, մարգարէք յընթերցուածս, առաքեալք ի մխիթարութիւնս, սաղմոսերգուք ի յաւրհնութիւնս, կուսանք ի կուսութեան, կնքաւորք ի սրբութեան եւ ամենայն որ յիւրաքանչիւր կարգի: Եհաս լուր առաքինութեան քոյ յարեւելից մինչեւ ցԳադիրովն, ի հարաւոյ մինչեւ ի հիւսիսի:

HISTORY OF THE AGHUANS

Now I will tell you something of an enigma: You have eyes on all sides, your vision is sharper than an eagle's, and your hearing keener than that of a tranquil beast's. Not only have you seen the heavens, but also the Majesty in heaven; you have abandoned the trivial and given up the transitory for that which is eternal. You have thrown away your gilded king's crown, and behold, the crown that is not a work of hands has been preserved for you to receive from the most holy hands of Christ. 'He who forsakes father, mother, sisters, brothers, and all his possessions for the Gospel's sake, shall receive a hundred times as much and eternal life in the imperishable world'.[6] It is much easier for a man in poverty to do this than for a king like you, for whom it is impossible. But were anyone to do as you have done, it would be unbelievable to men, astonishing to angels, and in the image of God, who left behind innumerable hosts of angels and assumed the lowly form of man. Your acts are in His image. He became life for man, and redemption, while you opened the door to life and redemption for your country: In your patrimony the faith was preserved, churches continued to flourish, martyr shrines were kept safe, priests remained in the priesthood, with offerings on altars, prophets in lections, apostles in consolation, psalmists in blessings, virgins in virginity, the baptized in holiness, and everyone in his rank. Word of your virtue spread from the East all the way to Gadiron and from the south to the north.

---

6 cf. Matthew 19:29.

Գրեցաւ անուն մարտիրոսութեան քոյ յոսկի տախտակսն ընդ առաքելսն եւ ընդ նախավըկայսն, ընդ հայրապետսն եւ ընդ եպիսկոպոսապետսն, միանգամայն եւ ի դպրութեան կենացն ի յերկինս: Զգո՛յշ լեր, սքանչելի՛, որ այսչափ մեծամեծացն արժանի եղեր եւ յայսչափ բարձրութիւնս վերացար հասեր՝ ի հաստատուն կալ զյուսոյն խարիսխ, եւ անհա՛տ լեր ի սիրոյն եւ համբերո՛ղ լեր ի հաւատս ճշմարտութեան, զի մի՛ վիշապն մեռեալ զտուտնն շարժեսցէ ի վերայ կենաց քոց:

Զի թէ մինչ տղայն էիր, յաղթեցեր նմա, ի չափ հասեալ, գիտեմ, թէ առ ոտն կոխես զամենայն մենքենայս չարեաց նորա: Այլ որչափ միտքս իմ այժմ զքեզ սիրեն, եւ մարթ էր զայն բանիւ ընդ պատմութեամբ արկանել, բազում մագաղաթի ծախք լինէին: Բազում անգամ յառաջ ելեալ վասն քո սիրոյն՝ գալ առ քեզ եւ այժմ ի մերմէ բարեխաւսութենէ եւ յամենայն Սուրբ ուխտէ եկեղեցւոյ յանձն արարեալ Հոգւոյն Սրբոյ. Տէր ընդ քեզ ամէն:

Վկայդ Քրիստոսի, չարչարակից խաչին, ի հրեշտակաց փառամատոյց պատմուճանաւ զարդարեալ, անզարշ որդեակ իմ Վաչէ՝ Աղուանից արքայ, Գիւտ եպիսկոպոս ի Տէր բերկրիլ:

Յամաւթալից հեղգութենէ չկարեմ համարձակել ասել բանս մխիթարութեան յաղթողիդ աներեւոյթ պատերազմիդ, որ ոչ ի մարդկանէ առեր քաջլերութիւն, այլ զյոյժ ահեղ զաւրութիւնն Քրիստոսի քեզ յաւգնականութիւն կոչելով՝ վերագոյն գերազանցեալ, քան զբոլոր աշխարհս բարձրագոյն գտար:

The name of your renowned martyrdom was recorded with the names of the apostles, protomartyrs, patriarchs and archbishops on a golden tablet in the Book of Life in heaven. See to it, admirable one, who have become worthy of such great things and have risen to such great heights, that you remain anchored to hope, undetached from love, and forbearing in true faith, lest the dragon draws its tail of death over our lives.[7]

For you conquered him while you were still but a child, and as you have come of age, I know that you now trample his evil machinations. But if one were to set down in words the love that I hold for you in my thoughts, he would use up much parchment. Often have I come to you out of my love for you, and now, by our intercession and of all the faithful of the church, we commit you to the Holy Spirit. May the Lord be with you. Amen.

Martyr of Christ, fellow sufferer on the Cross, adorned in glorious apparel brought by angels, my son Vache, king of Aghuank, a cause of repulsion to no one, from bishop Giwt, with joy in the Lord.

I, out of my shameful indolence, cannot dare to offer words consolation to you, who emerged victorious in your unseen war, and who, without so much as the encouragement of man, called on Christ's awesome power to come to your aid, and surpassed the whole world to loftier heights.

---

7 cf. Revelation 12:3-4.

Բայց արդ՝ զքեզ ի հաւան ածեալ քոյով ժուժկալութեամբդ, աղաչեմ, զի ախորժ եւ անոյշ իմ ողջոյնս քեզ թուեսցի. այլ գոհանալով զքո վերաբերութենէդ, ով զաւրականդ Քրիստոսի, ոչ ունիմ գիտութիւն աղքատութեանս իմոյ կազմութեան պատրաստութեան. զի եւ ոչ նիւթ ինչ ճարտարեալ իմաստութեամբ իմով համբարել կարացից՝ կկել զգեստ ինչ գովութեան քում ազնուականութեանդ: Նա մանաւանդ եթէ իսկ ամենայն հռետորական փիլիսոփայքն աշխարհին Յունաց ի մի տեղի գումարեսցին, եւ ոչ կարասցեն ասել զարժանն զգովութիւն քում հոգելից յաղթութեանդ: Վասն զի դու ծանեար սիրելով զԱստուած յամենայն սրտէ, յամենայն անձնէ եւ յամենայն զաւրութենէ. զամենայն ինչս եւ զմեծութիւնս փոխանակեցեր ընդ միոյ տեառն ամենայնի. զի զնա ընդ քեզ հաշտ ունելով՝ ոչ միայն զերկիրս, այլեւ զերկնից զմեծութիւնն առեալ ըմբոշխնեցեր: Հրաժարեցար ի զոհիցն ճենճերաց դիւամոլ հեթանոսաց եւ ահա եղեր հոտ անոյշ ի Քրիստոս, որ հասեալ մինչեւ յարեւմուտս՝ հոչակեալ ծաւալեցաւ եւ բերկրեալ զուարճացոյց զամենեցուն հոգիս: Թողեր զմեծութիւն երկրային, որ առիթ է մեղաց, ժառանգեցեր զարդարութիւն հանդերձ երկնային մեծութեամբն. հեռացար բնաւ իսկ ի զբաւսանաց աշխարհիս եւ մերձեցար ի Քրիստոս, որ է նաւահանգիստ խաղաղութեան: Եւ գումարեալ զբանս իմ ի մի տեղի խաւսեցայց. եթէ էիր մարդ, եւ եղեր հրեշտակ: Ունէիր ազգականս ի յերկրի, եւ գտար եղբայր Քրիստոսի ի յերկինս. էիր մահկանացու, եւ եղեր անմահ: Ոչ թէ դու միայն ես անմահ, այլ արդ՝ վասն զի համարձակութիւն ունիս առ Քրիստոս, բազում մահկանացուաց կարես տալ զկենդանութիւն: Ցանկալի ես հրեշտակաց, փափագելի ես մարդկան, առաւել անձկալի ինձ՝ հեռացելոյս, չլինելոյս մարտակից քեզ յաներեւոյթ պատերազմիդ ամենաչար սատանայի:

But now I assure you of your self-restraint and ask that my greetings appear agreeable and pleasant to you; and in praising your rise, O soldier of Christ, I have no awareness of my own want of preparation, because I am unable to form anything by my own wisdom with which to weave you clothing in praise of your nobility. Now even if all the rhetorical philosophers of Greece were to gather in one place, they would not be able to give you worthy praise for your spirited victory. For you came to know God by loving Him with all your heart, all your soul, and all your power. You exchanged all your possessions and fortune for the One Lord of all, and in reconciling yourself with Him, you savored not only this earth, but also the grandeur of heaven. You renounced the smoke of immolation of demonomaniacal heathens and became fragrant in Christ, which diffused all the way to the west and brought joy to everyone's souls. You abandoned worldly greatness, which is a cause of sin, and inherited righteousness and heavenly greatness. You swerved from the amusements of this world and approached Christ, the harbor of peace. Now I say, mustering my words: if you were a man, you became an angel. In this world, you had relatives; in heaven, you were found to be a brother of Christ. You were a mortal, and became immortal—and not merely immortal, for you have confidence before Christ and can grant life to many mortals. You are esteemed by angels, desirable to mankind, and more so to me, who am not even a fellow soldier in your imperceptible war against the most wicked Satan."

Բայց արդ աղաչեմ, փոխանակ ասեմ՝ չունել վնաս ի մտի, չյիշել զիմ հեղգութիւնս: Լուսաւորեա՛ զիմ տրտմութիւնս քո ողջունաբեր թղթով: Դու եղեր չարչարակից Քրիստոսի, նմանեա՛ նմա ամենայնիւ. զի թէ նա ի վերայ խաչահանուացն աղաչէր չյիշել զմեղս, որչափ եւս առաւել քեզ արժան է թողուլ զիմ հեղգութիւնս: Զի այն, որ արարն զհեզ ողջ հոգւով եւ առողջ մարմնով եւ իւրում որդեգրութեանն արժանաւոր, նոյն եւ շնորհեսցէ մեզ՝ զքեզ առողջ հոգւով եւ մարմնով տեսանել յաշխարհի եւ վայելել ի քո շնորհալից վարսդ առաքինութեան: Ողջ լինելով ի Քրիստոս՝ լիցիս մեզ բազում ժամանակս պարապեալ եւ լցեալ սիրովն Քրիստոսի. ամէն:

Now I do not ask, but beg that you not find fault with me and do not recall my indolence. Shed light on the darkness of my indignation with your salutary response to this letter—you, who suffered with Christ, be like Him in all things. If He prayed for the sins of His crucifiers to not be recalled, how much more worthy is it for you to forgive my indolence? For He who created you with a meek spirit, a healthy body, and as worthy of His adoption, so too shall He grant us the sight of your healthy soul and body in this world and grace us with your virtue. Now farewell in Christ, and may you remain with us for a long time, filled with His love. Amen.

Պատերազմելն Տրդատայ ընդ Բասլաց արքային ի յաշխարհին Աղուանից, եւ թագաւորելն Սանատրկոյ ի վերայ Աղուանից եւ ընդդիմանալն Հայոց. եւ Խոսրովու գալն յաւգնականութիւն զաւրաւքն եւ առնուլ զԱղուանս եւ զհարկսն:

Լինի զաւրաժողով Տրդատիոս՝ մեծ թագաւորն Հայոց եւ իջեալ ի դաշտն Գարգարացւոց՝ պատահէ հիւսիսականացն սաստիկ պատերազմաւ. եւ զթագաւորն Բասլաց մարտակից իւր ունելով, որ ձգեալ զձոպան արւոյն Տրդատայ եւ ոչ զաւրեալ ընկճել զնա՝ ինքն լինի միջակտուր ի նմանէն: Եւ վարէ Տրդատիոս զնոսա կոտորմամբ մինչեւ ցՀոնս. եւ բազմաց լինի անկանել ի զաւրացն Հայոց. եւ Արտաւազդ՝ սպարապետն Հայոց Մանդակունին մահանայ: Անդ առնու պատանդս Տրդատիոս եւ միաբանեալ զհիւսիսայինսն՝ դիմէ ի վերայ Շապհոյ արքային Պարսից: Իսկ ի վախճանելն Տրդատայ Սանատրուկ ոմն թագաւորեաց Աղուանից ի Փայտակարան քաղաքի եւ եկաց ընդդիմակաց Հայոց: Եւ Խոսրովայ՝ որդւոյ Տրդատայ ածեալ զԱնտիոքոս յունական զաւրաւքն եւ՛ զԲագարատ արեւմտեայ գնդիւն, եւ զՄիհրան Վրաց բդեաշխ: Այսոքիւք ամենեքումբք միաբանեալ՝ խաղայ ի վերայ Աղուանից: Աճապարէ Սանատրուկ զաւրաւքն Աղուանից եւ գնայ առ Շապուհ՝ արքայն Պարսից, թողլով զաւր բազում ի քաղաքին Փայտակարան: Եւ Անտիոքոս առեալ աւար բազում եւ զհարկսն արքունի՝ դառնայ առ կայսր: Եւ գտեալ ժամ պարապոյ Սանատրկոյ՝ հրամանաւ Շապհոյ ժողովէ զզաւրս Աղուանից՝ թուով իբրեւ երեսուն հազար եւ արշաւէ ի միջոցս Հայոց: Եւ զաւրագլուխն ոմն անարի հսկայ ի տիգաւորացն վառեալ թաղեաւ կածեալ՝ շահատակէր ի մէջ պատերազմին առ Աւշական առապարաւն. եթէ զինուք հարկանէին, ոչ գործէր, այլ ճախր առնոյր: Յայնժամ քաջն Վահան Ամատունի նայեցեալ ի կաթողիկէն ասէ. «Աւգնեա ինձ». եւ ուղղեալ զնիզակն ընդ գաւակ ձիոյն յերկիր կործանէր զահագին վիրագն:

TRDAT WARS AGAINST THE KING OF THE BASILK' IN THE LAND OF THE AGHUANS; SANATRUK'S RULE AS KING OVER THE AGHUANS AND HIS RESISTANCE TO THE ARMENIANS; THE ARRIVAL OF XOSROV WITH HIS TROOPS IN AID; HIS TAKING OF AGHUANIA AND IMPOSITION OF TAXATION.

Trdatios, the great king of the Armenians, mustered troops and descended into the plain of the Gargarats'ik'. [There] he encountered the Northerners and a fierce battle ensued. The king of the Basilk' did battle with him and threw a rope around the brave Trdat, but was not strong enough to throw him down. Rather, he himself was split in two by him. Trdatios commenced destroying them as far as [the territory of] the Huns. Many were felled by the Armenian troops. The *sparapet* of the Armenians, Artawazd Mandakuni, was slain. Taking hostages and uniting the Northerners [with him], Trdatios went against Shapuh, king of the Persians. Now when Trdat died, a certain Sanatruk ruled as king over the Aghuans in the city of P'aytakaran. [Sanatruk] then came against the Armenians. Trdat's son, Xosrov, went against the Aghuans, taking along the united force of Antiok'os with his Greek [Byzantine] troops, Bagarat with the western army, and Mihran, *bidaxš* of the Georgians [Iberians]. Sanatruk with Aghuanian troops hurriedly went off to Shapuh, king of the Persians, leaving many troops in the city of P'aytakaran. Antiok'os returned to the emperor with much loot and the royal taxes. Finding an opportune moment, Sanatruk, on Shapuh's orders, massed the Aghuanian troops, some 30,000 of them, and plunged into the midst of the Armenians. Now an enormous and gigantic commander of the lancers, who was clad in felt, attacked the fighters on the rocky grounds of O'shakan. And when they struck at him with their weapons, there was no effect, rather [their missiles] just bounced off. Then the valiant Vahan Amatuni, looking to the cathedral, said: "Help me." Hurling his spear into the horse's croup, he brought down that enormous animal.

Շապհոյ թագաւորեցուցանելն զՏիրան եւ փրկելն ի հիւսիսականացն. մահն Արշակայ. Պապայ թագաւորելն. եւ կորուստն Մեհրուժանայ եւ խոց առնուլն Ունայրի յայնմ պատերազմի:

Թագաւորեալ Տիրանայ Հայոց՝ առնէ խաղաղութիւն ընդ Պարսս եւ լեալ ազնական Շապհոյ, թափէ զնա ի յարձակմանէ հիւսիսայնոցն, որք ամս չորս բնակեալ յԱղուանս նեղէին զՀայս: Ապա ըստ բարուց չարին Տիրանայ կուրանայ ի Շապհոյ: Եւ Արշակ՝ նորին որդի, առնու զթագաւորութիւնն: Ի նմին ժամանակի եղեւ խռովութիւն Շապհոյ յազգացն հիւսիսոյ. եւ նա անցեալ ի Բիւթանիա՝ նստի ամիսս յոլովս եւ ոչ կարաց առնել ինչ: Ապա սիւն առ ծովակին կանգնեալ եւ առիւծ ի վերայ՝ մատակ ընդ ոտիւքն ունելով՝ նշան իմն կոչել առիւծ զՊարսս եւ մատակ՝ զՀռովմայեցւոց տէրութիւնն:

Մեռանի եւ Արշակ, թագաւորէ Պապ. Ապստամբի Մեհրուժան Արծրունի՝ զԱքիտոփելին խորհեցեալ զկորուստ անձին իւրոյ. լինի մեծ պատերազմ ի մէջ Պապայ եւ Մեհրուժանայ: Յայնժամ քաջն Շերգիր՝ Ղեկաց արքայ, մեռանի ի ձեռաց Սպանդարատայ Կամսարականի: Անդ առնու խոց մեծ արքայն Աղուանից Ունայր ի Մուշեղէ Մամիկոնենէ՝ Վասակայ որդւոյ. սատակի եւ Մեհրուժան ի սպարապետէն Սմբատայ Բագրատունւոյ՝ պսակեալ բոցագոյն երկաթիւ զգլուխն Սրբոյն Ներսեսի աղաւթիւք:

SHAPUH ENTHRONES TIRAN; HE IS SAVED FROM THE NORTHERNERS. THE DEATH OF ARSHAK AND THE ENTHRONEMENT OF PAP; THE FALL OF MEHRUZHAN AND THE WOUND THAT UR'NAYR RECEIVED IN THAT BATTLE.

When Tiran became king of the Armenians, he made peace with the Persians, delivering Shapuh from the attacks of the northerners who were harassing Armenia after residing in Aghuania for four years. Tiran was blinded by Shapuh, [an act which] was consistent with [Shapuh's] wicked nature. [Tiran's] son Arshak took over the kingdom. During his reign there was agitation against Shapuh from the peoples of the North. [Shapuh] went to Bithynia and remained there for many months, unable to accomplish anything. He erected a column by the shore of the lake with [the figure of] a lion on the top with a book at its feet. This was symbolic of Persia, represented by the lion, and the Roman empire, by the book.

When Arshak died, Pap ruled as king. Then Mehruzhan Artsruni rebelled, ruining himself like Ahitophel. There was a great battle between Pap and Mehruzhan. At that time the valiant Shergir, king of the Ghekk', died at the hands of Spandarat Kamsarakan. Ur'nayr, the king of the Aghuans, was seriously wounded by Mushegh Mamikonean, Vasak's son. Meruzhan too, through the prayers of Saint Nerse's, perished at the hands of the *sparapet* Smbat Bagratuni, crowned on the head with red-hot iron.

Սակաւիկ յայտարարութիւն վասն սրբոյն Գրիգորիսի՝ Հայոց Լուսաւորչի, եւ երանելի որդեաց նորին. եւ ընդ նմին ձեռնադրութիւն սրբոյն Գրիգորիսի՝ որդւոյ Վրթանեսի՝ թոռին մեծին սրբոյն Գրիգորի, ի կաթողիկոսութիւն Աղուանից եւ Վրաց. եւ եկն նորա յԱղուանս ի լուսաւորութիւն աշխարհիս. եւ նահատակութիւն նորին եւ բերումն նշխարացն:

Արդ մի ոմն յաշակերտացն տեառն՝ Թադէոս անուն, որպէս յառաջագոյն ասացաք, հասեալ սմա մասն ինչ ի Հայաստան աշխարհին, լուսաւորէր զկողմանս ինչ Արեւելից աշխարհին, մինչեւ եկն հռչակելին պատերազմողն եւ երիցս երանելին Գրիգորիոս, զոր ի մեռանելն Խոսրովայ՝ Հայոց թագաւորի, ի սպանանել զնա նենգութեամբ Անակայ Պարթեւի՝ հաւրն Գրիգորի, եւ իւր փախուցեալ գնալով՝ հեղձամղձուկ ի ջուրս Երասխ գետոյ լինէր. դայեկաց ոմանց առեալ փախստեայ ի Յունաց աշխարհն զերծուցանէին զերանելին Գրիգորիոս: Եւ այս լինէր նախախնամութեամբ մեծին Աստուծոյ յաւրինակ նախամարգարէին Մովսեսի, որ ի պրտուեայ տապանակին ի մէջ ջուրցն զերծանէր ի ձեռաց ամպարիշտն փարաւոնի՝ առ ի փրկել զժողովուրդն Աստուծոյ ի ծառայութենէ Եգիպտական տանջանացն:

A BRIEF ACCOUNT OF SAINT GREGORY, ILLUMINATOR OF THE ARMENIANS, AND ABOUT HIS VENERABLE SONS; THE ORDINATION OF SAINT GRIGORIS, SON OF VRT'ANE'S, GRANDSON OF THE GREAT SAINT GREGORY, TO THE CATHOLICOSATE OF THE AGHUANS AND GEORGIANS [IBERIANS]; HIS COMING TO THE LAND OF THE AGHUANS FOR ITS ILLUMINATION; HIS MARTYRDOM AND THE BRINGING OF HIS RELICS.

As we mentioned earlier, one of the Lord's students, who was named Thaddeus, came to a portion of the land of Armenia. He illuminated some parts of the land of the East prior to the arrival of the renowned [spiritual] warrior and thrice-blessed Grigorios. [Gregory], upon the death of Xosrov, king of the Armenians, who was treacherously slain by Gregory's father, Anak the Parthian, who himself drowned in the Arax River as he fled. Gregory was spirited away by certain *dayeak*s who took and saved the venerable Gregory, taking [him] to Byzantine territory. This came to pass through the providence of great God, and resembled [the fate of] the first prophet Moses who, in an ark of bullrushes floating in the water, was saved from the hands of the wicked Pharaoh, to save the people of God from Egyptian servitude and torments.

Սոյնպէս եւ ամենասուրբն Գրիգոր զերծեալ ի սրոյ Հայաստան նախարարացն՝ ի փրկութիւն պահէր նորին Հայոց աշխարհին եւ ամենայն Արեւելից Կողմանց, իբրեւ նետ մի ընտիր ի կապարճս թաքուցեալ ի յունական աշխարհին, ո-րով խոցոտեալ սատակէր զաներեւոյթ թշնամին: Զոր ընտրեալ յորովայնէ մաւր իւրոյ եւ սրբեալ յարգանդին յաղթող նահատակ, առաքեալ միանգամայն. եւ վայելուչ տըւեալ քահանայապետ Թորգոմական աշխարհին եւ Ասքանազեան զաւակին:

Արդ՝ սնեալ եւ ուսեալ երջանիկն Գրիգորիոս զքրիստոսական հաւատոցն զաւրութիւն՝ առաքելական եւ քաջալերական համարձակութեամբ եկեալ յանդիման լինէր Տրդատայ՝ արքային Հայոց, միամտութեամբ եւ քաղցր հարկանել ծառայութիւն, պաւղոսեան հաւանեալ ձայնի՝ հեզագոյն քաջութեամբ ծառայել տեառն զաւրութեանց մարմընաւոր տերանց, այլ ոչ առ ականէ ծառայութեամբ եւ հնազանդութեամբ, ուր ստանայր երկուս որդիս՝ Արիստակէս եւ Վրթանէս: Իսկ թագաւորն մոլեգնեալ ի դիւացն զանազան եւ պղծալից պաշտամունսն՝ ձեռն արկանէր յամենազաւր նահատակն Քրիստոսի՝ աւժանդակութեամբ չար վիշապին՝ կամեցեալ իւրն ծառայել ի խորխորատ կորստեանն դիցն աղտեղութեան պաշտամանն: Բազում եւ զանազան տանջանաւք չարչարեալ զՍուրբն ոչ ինչ կարաց գամագիտ լինել յանշարժելի հաւատս երանելոյն, այլ աւր քան զաւր քաջաբար մրցեալ՝ առնու զյաղթութեան մրցանակն ի վերայ աներեւոյթ եւ երեւելի թշնամոյն:

Thus was the most blessed Gregory saved from the sword of the *naxarar*s of Armenia, kept for the salvation of the land of the Armenians and all the eastern areas. He resembled a choice arrow hidden in a quiver in the land of the Byzantines, with which the invisible enemy would be wounded and killed. Chosen from his mother's womb and [chosen] as a blessed martyr while in the womb, he was sent and given to the land of Togarmah and the children of Askanaz.

Now blessed Gregory, who had been raised and nourished in the power of the Christian faith, with Apostolic and intrepid boldness came before Trdat, king of the Armenians, and with sincerity and mildness entered his service believing in the words of Paul [which urge us] to "serve the Lord of Hosts and one's human masters with humble virtue not with ostentatious service and obedience."[8] He became the father of two sons, Aristake's and Vrt'anes. The king, having been led astray by various demons and by their loathsome cults, with the aid of the wicked dragon, undertook to make [Gregory] the mighty martyr of Christ worship the gods of filth in the pit of perdition. Although [Trdat] tormented the Saint with numerous and diverse tortures, he was unable to succeed in moving the blessed man from his unshakable faith. Rather, day by day [Gregory] bravely competed to take the prize of victory over the invisible and visible enemy.

8 See Colossians 3:22.

Եւ իբրեւ ոչ ինչ կարացեալ պաճարանս գտանել՝ փոխելոյ զառաքինին յուղիղ հաւատոցն Քրիստոսի, յայն ժամ ազդեալ չարին ի միտս չար արքանեկացն՝ տարեալ ընկենուին զսուրբն Գրիգորիոս յանհնարին խոր վիրապն Արտաշատ քաղաքի, յորում զերեքտասան ամ յաւձախառն բնակէր վայրի, մինչեւ այլ եւս կանայք ոմանք երանելիք Հռիփսիմէ եւ Գայանէ հանդերձ երեսուն եւ հինգ ընկերաւքն ի նորին ի Հայոց արքայէն կատարեցան։ Եւ երանելեացն լինէին մարմինք բացընկեցիկ։

Եւ ապա ամենազաւր Աստուած յայց ելանէր երանելւոյն Գրիգորիոսի եւ երանելի նահատակացն՝ սրբոցն Հըռիփսիմեանց, եւ պատուհաս մեծ հասուցանէր ի վերայ աշխարհին Հայաստանի. Ոչ պատուհասի, այլ մեծի ողորմութեան է նշանակ, որպէս խրատել զսիրելի որդի եւ անտես առնել զատարացեալ խորթն։ Նոքին իսկ դեւքն, զորս նուիրաւքն եւ զոհիւք մեծարէին, իբրեւ ի վերայ թշնամեաց հասեալ՝ տային նոցա մոլեգնել եւ ուտել զիւրեանց մարմինսն. այլ եւ զնորին թագաւորին զկերպարանս ի խոզի դարձուցեալ բնութիւն՝ յեղէգն լինել փախստեայ։ Յայնժամ ահ եւ երկիւղ սաստիկ զամենեսեան լնոյր, մինչեւ մնային կորստեան կենաց աշխարհին։ Մինչդեռ յայսմ ահի եւ ի դողման կային ի մեծամեծաց մինչեւ ի փոքունս, երեւէր ի տեսլեան գիշերոյ հրեշտակ ողորմութեան Աստուծոյ կնոջումեմն Խոսրովիդուխտ անուն՝ քեռ Տրդատայ՝ Հայոց արքայի. «Անհնարին է ձեզ, ասէ, ի հարուածոցդ զերծանել, բայց եթէ ի ձեռն Սրբոյն Գրիգորի երթեալ հանէք զնա ի խոր վիրապէն»։

Since they could find no method to accomplish [their aim] of turning the virtuous man from faith in Christ, the evil one inspired evil thoughts in the minds of his satellites and they took and threw the blessed Grigorios into an unbelievably deep pit in the city of Artashat. For thirteen years he remained in that snake-infested place, until certain venerable women, Hr'ip'sime' and Gayane' with thirty-five companions, were martyred by the same king of the Armenians. The bodies of these venerable [women] were then cast out.

Then Almighty God paid a visit to the venerable Grigorios and the venerable martyrs, the blessed Hr'ip'simeans, and delivered a great punishment to the land of Armenia. It was not so much a punishment as a token of great mercy, as a beloved son is counseled and an estranged illegitimate one is ignored. By means of those same demons whom [the pagans] had exalted with gifts and sacrifices [God made the evil spirits] come upon them as though they were enemies, made them mad and made them eat their own flesh. [God] transformed their king into a hog which fled into the reeds. Then awe and great dread engulfed everyone such that they awaited the end of the world. While everyone from the grandees to the lowly were filled with this awe and trepidation, an angel of God's mercy appeared in a night vision to a certain woman named Xosroviduxt, sister of Trdat, king of the Armenians, saying: "The only way you can escape this blow is by the hand of Saint Gregory. Go and remove him from the deep pit."

Եւ զարթուցեալ պատմէր զերազն. եւ ամենեքին ըմբերանեալ դարովէին զկինն եւ ասէին. «Եւ դու ուրեմն դիւահարի՞ս. իսկ արդ եւ զոսկերսն անգամ զի՞նչ հնար է գըտանել զնորա»: Եւ իբրեւ կրկնեալ եւ երեքկնեալ զտեսիլն, յարուցեալ առ վտանգի հարուածոցն, չոգան ի բերան վիրապին թերահաւատքն՝ կաղս ի կաղս բարբառեալ բանիւն Աստուծոյ. «Ել ի դուրս, եթէ իցես կենդանի»: Եւ վաղվաղակի զեկուցանէր զկեալն կենդանի:

Բազում խնդութեամբք ի վեր առեալ ածին ի Նոր քաղաք թագաւորանիստ Հայոց արքային: Այնուհետեւ դիւացն առեալ զմարդիկն ակամայ ընդ առաջ մեծին Գրիգորի տանէին՝ մոլեգնելով եւ ուտելով զմարմինս զիւրաքանչիւր: Եւ զթագաւորն նոյնպէս յեղեգանէն առեալ դիւացն ածէին ընդ առաջ Սրբոյն. որոյ ծունր եղեալ մեծին Սրբոյն Գրիգորի՝ արտասուաւք խնդրէր յամենողորմէն Աստուծոյ զփրկութիւն թշուառացեալ ազգին. եւ անդէն վաղվաղակի ընդունէին ի ձեռն սրբոյն աղաչանաց զբժշկութիւն մարմնական տանջանացն, ընդ նմին եւ զհոգւոյն լուսաւորութիւն:

Եւ իբրեւ ոչ ուրեք ինչ զեկուցեալ վասն երանելի կանանցն, որ պսակեցանն՝ զՀռիփսիմեայն ասեմ եւ զնորին ընկերացն, ինքն իսկ ի խոր վիրապին մարգարէական ակամբն տեսանէր զնահատակութիւն երանելեաց վկայիցն Քրիստոսի եւ ասէ. «Ո՞ւր են նշխարք սրբոցն»: Եւ մարդիկն զարմացեալ ասէին. «Զո՞ր Սրբոցն ասէ». Եւ իբրեւ լուան ի նմանէն զանուանս պսակելոցն, ապա ի միտ առեալ՝ ցուցին զպատուական եւ զամենասուրբ նշխարս ոսկերացն: Եւ առեալ Գրիգորի՝ պատէր իւրեանց իսկ պատառոտուն հանդերձիւքն չարարեալ ուրուք ինչ արժանի յերանելեացն մերձեցուցանել ի մարմինս, մինչ չեւ սրբեալք ելանէին յաւազանէն փրկութեան: Եւ դնէր ի հանգստարանի՝ ի տեղւոջն, յորում պսակեցան սուրբքն:

She awoke and related her dream. But everyone chided the woman and said: "Have you, too, been afflicted by the demons? What chance would there be of finding even his bones [after so much time]?" Yet when the vision recurred a second and a third time, aroused by the severity of the disasters, the skeptics went to the mouth of the pit and haltingly voiced the words of God: "Come out, if you are still alive." And immediately [Gregory] informed them that he was alive.

With great rejoicing they brought him up and took him to Vagharshapat, the royal seat of the Armenian king. Then they brought before the great Gregory unwillingly those folk whom the demons had made mad and who were eating their own flesh. Similarly they brought before the Saint from the rushes the demon-afflicted king. The great Saint Gregory tearfully knelt and beseeched all-merciful God for the salvation of the wretched people. And immediately, through the pleas of the Saint, they received healing for their physical torments as well as enlightenment for their souls.

Now although no one had informed [Gregory] about the venerable women Hr'ip'sime' and her companions, who had been martyred, nonetheless in the deep pit he himself with a prophet's eye had witnessed the martyrdom of the witnesses of Christ. And he asked: "Where are the Saints' relics?" The astonished people inquired: "Which Saints is he talking about?" But when they heard the martyrs' names from him, they remembered and showed the venerable and most blessed remains. Gregory took them and wrapped them in their torn clothing and would not permit anyone to approach the bodies until they had been baptized. And he placed [the relics] in a repository in the place where the Saints had been martyred.

Իսկ զբոլոր աշխարհն Հայոց ուսուցանէր եւ խրատէր եւ կնքէր կենսատու խաչին եւ լուսաւորէր մկրտութեամբ աւազանին փրկութեան. եւ արժանաւորս առնէր զանճառելի հոգւոյն ընդունել շնորհս եւ ճաշակմամբ կենսատու մարմնոյ եւ արեան տեառն: Եւ ոչ կամեցեալ իւր իսկ ունել զաթոռ քահանայապետութեան: Հրեշտակ Աստուծոյ եկեալ առ մեծն Գրիգորիոս՝ ասէ ցնա. ոչ հեստել եւ յամառել առ խոնարհութեան կարգին, այլ յայսմ քաջանալ եւ առնուլ կրկին զանանցական պատիւն, որ վասն քահանայապետութեան շնորհի Աստուծոյ: Եւ առեալ այնուհետեւ զքահանայապետութեանն պատիւ՝ եկեալ լուսաւորէր եւ զմնացորդս Աղուանից եւ Վրաց: Եւ եկեալ ի Հաբանդ գաւառ՝ ուսուցանէր եւ խրատէր պահել զպատուիրանս Որդւոյն Աստուծոյ. անդ արկանէր հիմն եկեղեցւոյն ի գիւղաքաղաքին Ամարասայ. եւ կացուցանէր գործաւնս եւ հրամանատարս՝ շինել եկեղեցի: Եւ երթեալ ի Հայոց աշխարհն՝ աւծանէր փոխանակ իւր զորդին՝ զՎրթանէս, նստուցանել յիւր աթոռ քահանայապետութեան, որ լի հայրենատուր շնորհաւք եւ բանիւ վարդապետութեամբ կեցեալ՝ պատուհասէր եւ խրատէր զայնոսիկ, զորս ի դիւապաշտութեանն գտանէր յաղանդին. եւ յանդիմանէր զկինն թագաւորին վասն այլանդակ պոռնկութեանն: Եւ մինչ դեռ մտեալ յեկեղեցի, ի Տարաւն գաւառի զտէրունեանն կատարէր խորհուրդ՝ չար եւ դիւապաշտ մարդիկ ժողովեալք բազմութիւն յոյժ առ ի սպանանել զերանելին Վրթանէս խորհրդեամբ կնոջ թագաւորին: Եւ յորժամ վազեցին ի գաւիթ եկեղեցւոյն, ի դիւաց պինդ կապեալ կաշկանդեալք եղեն հրամանաւ բարերարին Աստուծոյ՝ ուլնագելութեամբ ընդկապճեալք կային անմռունչ ամենեքեան, մինչեւ կատարեալ երանելոյն զաստուածեղէն խորհուրդն եւ եկեալ արտաքս՝ զարմանայր: Եւ հարցեալ զպատճառս՝ խոստովանէին զչար խորհուրդն իւրեանց եւ զկամս կնոջ թագաւորին: Եւ նա կացեալ յաղաւթս՝ ձեռնադրութեամբ զամենեսեան բժշկէր եւ խրատէր մի՛ եւս գործել չար ինչ, այլ ապաշխարութեամբ գտանել ողորմութիւն:

Then Gregory taught and counseled the entire land of the Armenians, baptizing with the redeeming cross and illuminating by baptism in the font of salvation. He made them worthy of receiving the grace of the ineffable Spirit, and of eating the life-giving body and blood of the Lord. But he did not want to occupy the throne of the patriarchate. However, the Angel of God came to great Grigorios and told him: "In your humility do not resist and refuse this, but be brave and accept the twofold eternal honor, for God has bestowed this upon the patriarchate." Thus, he accepted the dignity of the patriarchate and went to illuminate the remainder of the Aghuans and the Georgians [Iberians]. Arriving in the district of Haband, he taught and counseled [the people] to hold the commandments of the Son of God. There he laid the foundation of a church in the town of Amaras and designated workers and supervisors to construct the church. Then he went to the land of the Armenians where he ordained as his replacement his own son Vrt'ane's, seating him on his patriarchal throne. [Vrt'ane's] was full of his father's grace and lived according to his teachings. He punished and counseled those he found in the sect of devil-worship, and he rebuked the king's wife for her perverse fornication. Now it happened that when he had entered a church in the district of Taro'n to celebrate the divine liturgy, an enormous multitude of devil-worshipping folk had assembled to kill the venerable Vrt'ane's. This was with the collusion of the king's wife. When [the mob] rushed onto the church porch, they were firmly bound and fettered by the demons at the command of benevolent God. And they all remained thus, stiff-necked and speechless until the venerable one had finished the divine liturgy. Then he came outside and was astonished. When [the king] asked what had caused it, [the plotters] confessed their wicked plan and the wishes of the king's wife. [Vrt'anes] prayed and cured all of them by laying on of hands, and advised them not to do evil deeds any longer, but rather to seek mercy in atonement.

Եւ սորա երկու որդիք. միումն Յուսիկ անուն՝ առաքի-
նասէր եւ սրբամիտ վարուք, որ եւ սա նորին խոստովանա-
կան վարուքն կատարեալ պսակէր: Քանզի հասեալ յա-
թոռ քահանայապետութեան հայրն՝ յանդիմանէր զթագա-
ւորն վասն մեղս ասէր չարագործութեանն. եւ նորա հրա-
մայեալ անդէն յեկեղեցւոջն բրով սպանանել զնա: Եւ ա-
նուն միւսումն Գրիգորիս յանուն հաւուն. եւ համանման
եւ հաւասար նորուն վարուցն առաքինութեան՝ ոչ ամուս-
նացեալ ի կարգս աշխարհիս, այլ փափագեալ բաղձայր
հայրենի հոգեւոր ժառանգութեանն: Եւ անդէն ի տղայա-
կան տիոցն վարժէր զինքն Աստուածաշունչ գրոց կրթու-
թեամբ եւ զմարմնական զգայութիւնս պահաւք եւ աղաւ-
թիւք պարկեշտացուցանէր, զհոգին սիրոյն հաւատաւք լու-
սաւորէր, եւ անդէն վաղվաղակի զինքեան հաւոյն՝ զմե-
ծին Գրիգորի զգերաշխարհիկն բարձրութեանցն զերկոս-
եան զպատիւսն առեալ՝ յաւրինէր զքահանայապետութեան
զպատիւ եւ զաթոռն եւ զմարտիրոսութեանն զամենա-
պատիկ բարձրութեանց պսակն: Քանզի զհնգետասան ա-
մաւք ձեռնադրեալ յեպիսկոպոսութիւն մանուկն Գրիգո-
րիս Վրաց եւ Աղուանից աշխարհին. եւ երթեալ լուսաւո-
րէր զերկոսին զաշխարհսն եւ հաստատէր քրիստոսական
հաւատովն զնա: Շինէր եւ եկեղեցիս ըստ կարգաց եւ քա-
ղաքաց. Եւ ձեռնադրէր երիցունս եւ յորդորէր ի պաշտաւն
սրբութեան. եւ յիշատակ սրբոց կանխեալ հանապազ. Եւ
նախանձեալ զբարի նախանձ առաքելական ուղղութեանն.
եւ կատարէր զհրաման մարմնացեալ աստուածորդւոյն՝
շրջեալ ընդ ամենայն հեթանոսս, մկրտեալ յանուն հաւրեւ
որդւոյ եւ Հոգւոյն սրբոյ: Եւ տայր ուսանել պահել զամենայն
տէրունեան պատուիրեալսն եւ ո՛չ առնուլ ընդ իւրեանս ոս-
կի եւ արծաթ եւ պղինձ եւ պարկ, անգամ եւ ցուպ:

[Vrt'ane's] had two sons. One, named Yusik, had a virtuous and saintly manner, and he was also crowned a martyr for his penitential conduct. For when he reached the throne of the patriarchate, which had been his father's, he reproached the king for his sin-loving wickedness. At his order, [Vrt'ane's] was slain with a club, right there in the church. The other [son] was named Grigoris after his grandfather. He was like him in righteous conduct, not marrying after the ways of the world, but rather desiring his patrimonial spiritual inheritance. Already as a lad he schooled himself in Biblical writings and through fasting and prayer he restrained the desires of the flesh and illuminated his soul with loving belief. He quickly received the twofold honor enjoyed by the celestial prominence of his grandfather, the great Gregory, namely the honor and throne of the patriarchate and the most sublime martyr's crown. The young Grigoris, at the age of fifteen, was ordained bishop of the Georgians [Iberians] and the land of the Aghuans. He went and illuminated these two lands and established the Christian faith there. He also constructed churches according to the [clerical] ranks and the cities and ordained priests, urging everyone to pursue holiness and always commemorate the Saints. Inspired with the desire for Apostolic righteousness, he implemented the commands of the corporeal Son of God, and circulated among all the pagans, baptizing in the name of the Father and the Son and the Holy Spirit. He taught them to keep all the Lord's commandments and not to take with them [for converting the pagans] gold, silver, copper, not a knapsack nor even a staff.

Յայսմ բոլորից զգուշանալով՝ երանելւոյն առեալ ընդ իւր վայելուչ եւ յոյժ պատուականագոյն թոշակ, զմեծ քահանայապետին եւ մարտիրոսին Զաքարիայ՝ զհաւրն Յովհաննու ի պատուական արենէն նշխարս եւ Սրբոյն Պանդալիոնի, որ դաւանեաց զբարիոք դաւանութիւնն Քրիստոսի եւ պսակեցաւ ի Նիկոմիդիա քաղաքի:

Եւ տարեալ զամենաասուրբ նշխարս վկայիցն ի մեծ քաղաքն Յրի Աղուանից իշխանութեանն՝ շինէր փոքրիկ եկեղեցի եւ դնէր անդ մեծ զգուշութեամբ մասն ինչ յարենէն Զաքարիայ եւ ի նշխարաց Սրբոյն Պանդալիոնի. եւ թողոյր երէց մի սպասակալ եւ պաշտաւնեայ վկայիցն Քրիստոսի Դանիէլ անուն եւ ինքն առեալ զաշակերտսն իւր զբարեւէրս եւ զհաւանս հրամանացն Քրիստոսի եւ զկէս նշխարացն Սրբոյն Զաքարիայ եւ երանելւոյն Պանդալիոնի եւ երթեալ ի Մասքթաց աշխարհն՝ յանդիման լինէր Սանեսանայ թագաւորին Մասքթաց՝ համատոհմին Արշակունեաց: Եւ քարոզէր զանճառելի երրորդութեանն զմի արարչական զաւրութիւնն եւ զմարմնանալն Աստուծոյ բանին, զբազում եւ զզանազան նշանագործութիւնս յերկրի առնել, զխաչելն եւ զմեռանելն եւ յերիր աւուր յառնել եւ նովին մարմնով ի յերկինս վերանալ, նոյնպէս եւ յերկրորդ գալստեանն երեւել՝ դատելով զկենդանիս եւ զմեռեալս: Եւ խնդութեամբ ընկալեալ հաւատային աւետարանական բանին զառաջինն:

Warning against all these [material goods], the venerable [Grigoris] took along with him the marvelous and most revered stipend [of all], the honored blood of the great patriarch and martyr Zacharias, John's father, and the relics of Saint Pantaleon who confessed the true faith of Christ and was martyred in the city of Nicomedia.

[Grigoris] brought the most holy relics of the martyrs to the great city of Ts'ri in the principality of the Aghuans. He constructed a small church there and with great care he placed in it a portion of Zacharias' blood, and some of the remains of Saint Pantaleon. He left a priest named Daniel there as attendant and servant of Christ's martyrs, and then he took his goodly Christ-serving students, and half the relics of Saint Zacharias and of the venerable Pantaleon, and went to the land of the Mask'ut'k', into the presence of Sanesan, king of the Mask'ut'k', who was of the same clan as the Arsacids. [Grigoris] preached the one creative power of the ineffable Trinity, the incarnation of the Word, the many and diverse miracles [Jesus] performed on the earth, the crucifixion, death, the resurrection on the third day, the ascension of His body into heaven, the second coming to judge the living and the dead. And in the beginning [the Mask'ut'k'] joyfully accepted and believed the word of the Gospel.

Իսկ ամենաչարն սատանայ մտեալ ի սիրտս նոցա՝ գրգռէր չարանալ ընդ կենսատուր հրամանին բանիցն Տեառն: Սկսան դնել բաղբաղայս ճշմարիտ վարդապետական բանից երանելւոյն. քանզի նա ի քարոզութեանն ասէր զկամս բարերարին Աստուծոյ՝ ո՛չ աւարել եւ ո՛չ յափշտակել եւ ո՛չ գողանալ, այլ վաստակել ձեռաւք եւ վայելել մարդաբար եւ երանելի լինել Աստուծոյ: Եւ ասեն. «Հայոց արքային կեղծաւորութիւն է այդ՝ արգելուլ զմեզ յաւարէ Հայաստան աշխարհին կամին. եւ ի՞ւ կեցցուք, զի ոչ աւարեսցուք եւ ոչ յափշտակեսցուք»: Ապա եւ զթագաւորն եւս խոնարհեցուցին յիւրեանց ամենաչար կեղծաւորութիւնն: Յայնժամ կալեալ զմանուկն Գրիգորիս՝ ընդ ամեհի ձիոյ կապէին զագւոյն եւ արձակէին ի դաշտին Վատնեայ: Եւ այսպէս պսակէր Սուրբն, զոր բարձեալ աշակերտացն՝ բերէին յԱմարաս գիւղաքաղաքն, որ էր ի գաւառին Հաբանդայ: Անդ եդեալ առ եկեղեցւոյն՝ հուպ ի բեմն ի հիւսիսոյ կողմանէ. Եւ զՍուրբ արիւնն Զաքարիայ ի միում ապակեղէն շշի եդեալ եւ ի միւսում շշի զերանելւոյն Պանդալիոնի զնշխարհս. եւ եդեալ զերկոսեան շիշսն ընդ ամենասուրբ նշխարսն մանկանն Գրիգորիսի եւ ինքեանք փախստեայ ի Հայս անկանէին: Վասն զի Սանեսան բազում եւ անթիւ զաւրաւքն Հոնաց ի Հայս արշաւէր, եւ աստուածային բարերարութեանցն զաւրութիւն տուեալ Հայաստան նախարարացն՝ առ ի խնդրել զվրէժ արեան մանկանն Սրբոյն Գրիգորիսի: Եւ ամենայն բազմութիւն զաւրացն առ հասարակ ի սուր անկեալք՝ ոչ մնայր գուժատար յաշխարհին Մասքթաց. այլեւ ամենեքեան խողխողեալ սատակեցան յիւր ազգայնոցն սրով:

But the most wicked Satan entered their hearts and inflamed them to do evil against the life-giving command of the words of the Lord. They began to make false accusations against the honest teachings of the venerable one. For [Grigoris] sermonized what was the will of benevolent God: not to loot, ravish, or steal, but to rejoice through the labor of one's own hands humanely and happily and to be respectworthy before God. [The Mask'ut'k'] said: "This is the deceit of the king of the Armenians, for he would block us from looting the land of Armenia. Then how would we survive if we do not loot and plunder?" They also shared their most wicked counsels with the king. Then they seized the lad Grigoris, tied him to the tail of a wild horse and released it in the Vatnean plain. Thus was the blessed one martyred. His students gathered up [his remains] and brought them to the village of Amaras, in the district of Haband. He was placed in a church there close to the altar on the north side. They placed the sacred blood of Zacharias in a glass bottle and the relics of the venerable Pantaleon in another bottle. Placing both bottles with the most holy remains of the Lord Grigoris, they themselves fled to Armenia. For Sanesan was invading Armenia with a countless force of Huns. Divine grace gave the Armenian lords the power to wreak vengeance for the blood of the young Saint Grigoris. The entire multitude of troops were put to the sword, one and all, and there did not remain even a messenger to take the bad tidings to the land of the Mask'ut'k'. Instead, all of them were slain by the swords of their own kinfolk.

Իսկ ընդ ժամանակս ընդ այն բերդաքաղաքն անուանեալն Ցրի ապստամբեալ յԱղուանից թագաւորէն եւ ճեռն տուեալ ի Պարսից արքային եւ եկեալ Արցեսացիք ունէին զքաղաքն: Անդ գտեալ զերէցն Դանիէլ՝ սպասաւոր սրբոցն, զոր կարգեաց Սուրբն Գրիգորիս, եւ զմանուկ մի իղբ, զոր գտեալ երիցուն՝ քրիստոսական կնքովն էր վերծանեալ: Սա լսէր հաւատոյն Քրիստոսի եւ հաւատացեալ՝ առնոյր զքրիստոսական կնիքն եւ անդէն աշակերտէր երիցոյն: Եւ սա կամէր խեւամուտ լինել վարուց քրիստոնէութեան:

Եւ զերկոսեանն զսոսա ի կապանս եւ ի չարչարանս արկեալ՝ ստիպէին լինել մոխրապաշտ դիւացն աղտեղութեան: Եւ իբրեւ ոչ կարէին գամագիտ լինել բռնութեամբ, մաղթէին զճիղբ մանուկն եւ ասէին. «Մերոյ աշխարհիս մարդ ես, զմեր կամս արա՛, եւ մեծարոյ առնեմք զքեզ ի մերում իշխանութեանս»: Եւ երանելին պատասխանի արարեալ ասէ. «Լաւ լիցի յառաջագոյն քան զերէցն մեռանել ինձ վասն անուանն Քրիստոսի, քան բնականալ ի յարկս մեղաւորաց»: Եւ վաղվաղակի սրով գլխատեալք ընդունէին զերանութեան զպսակն եւ զամենավայելուչ նահատակութեան յաղթանակ մրցանակն ընդ իւրեանց հոգեւոր հարն մանկանն Գրիգորիսի: Զորս առեալ Ասորեաց ոմանց աբեղայից տանէին ի Հակու անուանեալ գիւղն. եւ անդ եդեալ ի գերեզմանի, եւ ինքեանք ի տեղւոջն վանս շինէին. եւ անդ են, ասեն, նշխարք երանելեաց մինչեւ ցայսաւր:

Եւ լինէր այն առ քաջին Վաչէի՝ Աղուանից արքայի: Եւ ամրածածկեալ կային երանելեացն վկայից ամենասուրբ նշխարքն մինչեւ ցթագաւորութիւնն երրորդ բարեպաշտ Վաչագանայ՝ Աղուանից արքայի՝ որդւոյ Յազկերտի, եղբաւր Վաչէի՝ Սրբոյ արքայի: Քանզի ի քաջէն Վաչագանայ մինչեւ ի Վաչէ թագաւորք էին Աղուանից թուով Թ ըստ կարգի. որոց տասներորդ էր բարեպաշտ եւ աստուածասէր թագաւորն Վաչագան՝ Աղուանից արքայ:

In that period the fortified city called Ts'ri rebelled from the king of the Aghuans and gave assistance to the Persian king, and the Argesats'ik' came and captured the city. There they discovered the priest Daniel, whom Saint Grigoris had designated to serve the [relics of the] Saints, and a lad of Chighb [nationality]. [The Chighb] had found the priest and had been baptized a Christian, learning about the faith in Christ and believing it and further studying with the priest. And he had wanted to follow the Christian way.

They put them both into chains and tortured them to make them worshipers of the filthy diabolical ashes [*i. e.* Zoroastrian]. When they could not forcibly convince them, they entreated the Chighb lad, saying: "You are a man of our land, do our will and we will exalt you in our principality." But the venerable [youth] responded: "It is better that I die before the priest for the name of Christ, than dwell in the midst of sinners." They immediately beheaded them with a sword and thus did they receive the crown of holiness and the prize of victorious martyrdom as had their spiritual father, the young Grigoris. Some Syrian priests took them to a village called Haku, where they were put into a grave. They themselves constructed a monastery over the spot. And they say that the relics of these venerable ones remain there to the present.

This transpired during [the reign of] the valiant Vach'e', king of the Aghuans. The most blessed relics of these venerable ones remained hidden until the reign of the pious Vach'agan the Third, king of the Aghuans, son of Yazdgird, brother of the blessed king Vach'e'. For from the [time of] valiant Vach'agan until Vach'e', there were nine kings of the Aghuans, according to the list. The tenth was the pious, God-loving Vach'agan, king of the Aghuans.

Գիր անուանց նախագահ կարգելոց, որք յայտ են ի Յաբեթէ եւ յԱռանայ մինչեւ ցերրորդն Վաչագան:

Յաբեթ, Գամեր, Թիրաս, Թորգոմ, Հայկ, Արամանեակ, Արամայիս, Ամասիա, Գեղամ, Հարմա, Արամ առ սովաւ Աբրահամ, Արայն Գեղեցիկ առ սովաւ Իսահակ. Անուշաւան, Պարէտ, Արբակ, Զաւան, Փառնակ Սուր առսովաւ Յեսու, Հաւնակ, Վաշտակ, Հայկակ, Ամբակ, Առնակ, Շավարշ, Նորայր, Վստամկար, Գոռակ, Հրանտ, Ընձակ, Դղակ, Հաւրոյ, Զարմայր, Պերճ առ սովաւ Դաւիթ, Արբուն, Բազուկ, Հոյ, Յուսակ, Կայպակ, Սկայորդի. սա էառ թագ ի Բաբելացւոց թագաւորէն. Պարոյր, Հրաչեայ, Փառնաւազ, Պաճոյճ, Կոռնակ, Փաւոս, միւս Հայկակ, Երուանդ Սակաւակեաց, Տիգրան:

Ի սոցա ծննդոց կարգեցաւ Առան նախագահ Աղուանից. եւ թիւ անուանցն յԱռանայ մինչեւ ցքաջն Վաչագան, որ էր ի մեծ ազգէն Արշակունեաց, չէ յայտ. Եւ զսոցայն ստոյգն, թէ յորմէ տոհմէ են, չունիմ ասել: Եւ որք ըստ կարգի կացին թագաւորք Աղուանից տասն. անուանք են այսոքիկ. Վաչագան քաջ, Վաչէ, Ուռնայր, Յաւչագան, Մերհաւան, Սատոյ, Ասայ, Եսվաղէն, Վաչէ, ապա բարեպաշտն Վաչագան՝ արքայ Աղուանից, յորոց բազումք ի սոցանէ աստուածասէր եւ բարեպաշտ վարուք կեցեալ՝առին յիւրաքանչիւր ժամանակի զվախճան: Սակայն ոչինչ ումեք ի նոցանէն այսպիսի աստուածային եւ հոգեւոր ծածկեալ գանձ յայտնեալ ընձեռեցաւ, որպէս վերջին Վաչագանայ՝ բարեպաշտ Աղուանից արքայի: Եւ ի հրամանէ Պերոզի՝ Պարսից արքայի, շինեցաւ ի Վաչէէ Պերոզապատ մեծ քաղաքն, որ այժմ կոչի Պարտաւ:

LIST OF THE NAMES OF THE SUCCESSION OF RULERS WHO ARE KNOWN FROM [THE TIME OF] JAPHETH AND AR'AN UNTIL VACH'AGAN III.

Japheth, Gomer, Tiras, Togarmah, Hayk, Aramaneak, Aramayis, Amasia, Gegham, Harma, Aram, who lived in the time of Abraham, Ara the Handsome, who lived in the time of Isaac, Anushawan, Pare't, Arbak, Zawan, P'ar'nak Sur, who lived in the time of Joshua, Hawnak, Vashtak, Haykak, Ambak, Ar'nak, Shavarsh, Norayr, Vstamkar, Gor'ak, Hrant, E"ndzak, Dghak, Ho'roy, Zarmayr, Perch, who lived in the time of David, Arbun, Bazuk, Hoy, Yusak, Kaypak, Skayordi, who took the crown from the king of Babylon, Paroyr, Hrach'eay, P'ar'nawaz, Pachoych, Kor'nak, Pawos, another Haykak, Eruand Sakawakeats' [the Short-lived], Tigran.

From this lineage Ar'an was designated as ruler of the Aghuans. But the number of names from Ar'an until the valiant Vach'agan, who was of the great Arsacid family, is not clear, nor can I say accurately from which clan(s) they derived. Those according to the list who were kings of the Aghuans are ten in number, namely: Vach'agan the Brave, Vach'e', Ur'nayr, Yawch'agan, Merhawan, Satoy, Asay, Esvaghe'n, Vach'e', then the pious Vach'agan, king of the Aghuans, after which there were many God-loving and pious folk in their own time who lived and passed away. But about them we have no [information] such as we have about the pious Vach'agan, king of the Aghuans, who uncovered the blessed and divine hidden treasure [relics]. At the order of Peroz, king of the Persians, Vach'e' constructed the great city of Perozapat, which presently is called Partaw.

Կեանք եւ վարք եւ կարգաւորութիւնք Աղուանից, որ ի Վաչագանայ արքայէ եղան. եւ գիւտ նշխարաց սրբոց:

Իսկ զերեսուն ամ ի Վաչէէ մինչեւ ցՎաչագան բարեպաշտն առանց թագաւորի կացեալ աշխարհս Աղուանից. քանզի ամենաչար եւ ամբարիշտ թագաւորն Պարսից Պերոզ զայրացեալ մոլեգնէր իբրեւ զկատաղեալ շուն, կամէր բառնալ զամենայն թագաւորութիւնս աշխարհի միանգամայն, շարժել զեկեղեցիս եւ բառնալ զկարգ քրիստոնէութեան եւ հաստատել կարգել յիւրում իշխանութեանն զմոգութեան դիւապաշտութիւնն, յոր բազում անպարտ արիւնք երանելի եւ սուրբ վկայիցն Քրիստոսի ի պղծալից նորա ձեռացն հեղոյր յերկիր: Եւ յոյժ անթիւ անմեղաց անձինք խողխողեալ լինէին սրով չարին: Այլ եւ կանայք տղայովք հանդերձ արտաւսրահառաչ ձայնիւ գերեալ լինէին յաւտար աշխարհ, ի դառն ստրկութիւն: Եւ բազում նախարարս Հայոց, Վրաց եւ Աղուանից ի մոգութիւն դիւապաշտութեանն առ ածեալ կործանեաց՝ եւ՛ զոմանս բռնութեամբ, եւ զոմանս պարգեւաւք մեծամեծս իշխանութիւնս ընձեռելով, եւ ի տեղիս տեղիս ատրուշանս կանգնեալ՝ զաւրանայր կրակալոյց պաշտամունք դիցն աղտեղութեան: Եւ ազգի ազգի աղանդք չարախոհին սատանայի յոլովեալ թշուառացուցանէին զհիքացեալ մարդիկ աշխարհիս Աղուանից, զորս ամենապիղծն զրպարտէր ապստամբութեամբ պատճառաւ, կապանաւք եւ բանտիւք նեղէր եւ ակամայ ի մոգութիւն խոնարհեցուցանէր:

Ընդ նոսին եւ Վաչագան առ բուռն եւ սաստիկ չարութեան թագաւորին յակամայ հաւանէր մոգութեանն, այլ գաղտ յաղաւթս եւ ի պահս եւ ի Քրիստոսի խոստովանութեանն կանխէր հանապազ, մինչեւ այց արար ամենողորմն Աստուած հեղման արեան սրբոց վկայիցն Քրիստոսի եւ աւերածոյ սրբոյ եկեղեցւոյ, եւ ի զուր խողխողմանն ծերոց եւ երիտասարդաց եւ գերութեան կանանց եւ տղայոց եւ կորստեան հոգւոց անմեղաց, որ մոգութեամբն եղեն հիքացեալ:

THE INSTITUTIONS CREATED BY KING VACH'AGAN FOR THE AGHUANS AS WELL AS HIS LIFE AND DEEDS AND THE DISCOVERY OF THE RELICS OF THE SAINTS.

For thirty years from Vach'e' until the pious Vach'agan, the land of the Aghuanians was kingless. This was because Peroz, the most wicked and impious king of the Persians, who had become furiously enraged like a mad dog, wanted to simultaneously eliminate all the kingdoms of the world, to destroy the churches and uproot the Christian clergy and establish in his realm Magian idolatry. A great deal of innocent blood of venerable and blessed martyrs of Christ watered the ground at his filthy hands. And an enormous number of innocent folk were killed by the sword of the wicked. Furthermore, women and children, sobbing, were captured and taken to a foreign land in bitter slavery. Many lords of the Armenians, Georgians, and Aghuanians were lost to Magian idolatry, some forcibly, others through very grand gifts; and in many places fire-temples were established, thereby strengthening fire-worship of the foul gods. Diverse sects of the malicious Satan proliferated and made wretched the unfortunate people of the land of the Aghuanians who were accused of rebellion and punished with fetters and prison and unwillingly forced to submit to Magianism.

Among them was Vach'agan who unwillingly accepted Magianism due to the [Iranian] king's violent and fierce wickedness. However [Vach'agan] constantly participated in secret prayers and fasts of the Christian faith, until All-Merciful God visited [humankind] because of the shedding of the blood of Christ's holy martyrs, the destruction of the blessed churches, the senseless killing of old and young, the enslavement of women and children and the destruction of the souls of the innocent, who were oppressed by Magianism.

BOOK I

Եւ առաքեաց զաւազան բարկութեան բռնաւոր եւ արհնարբու թագաւորին Պարսից Հեփթաղական ազգն, որք հարեալ սատակեցին եւ համաջինջ արարին զամբարիշտն իշխանսն Պարսից աշխարհին հանդերձ խառնիճաղանճ ռամկաւքն, անթիւ զաւրացն բազմութեամբ: Եւ թերեւս ի վերայ սորա մարգարէանայր երջանիկն Եսայիաս, զտեսիլն, զոր ետես ի վերայ Բաբելոնի.

«Բա՛ դիմեալ զան հսկայք յագեցուցանել զսրտմտութիւն իմ. խնդան զան միանգամայն եւ թշնամանեն: Տէր զաւրութեանց հրաման ետ ազգաց բազմաց՝ գալ ի յերկրէ հեռաստանէ. եւ հասեալ է տէր իւրովք սպառազինաւք: Ողբացէք ամենայն պիղծ, չար զաւակքդ, զի մերձ է աւր տեառն, եւ բեկումն յԱստուծոյ հասեալ է ի վերայ ձեր. վասն այսորիկ ամենայն ձեռք լքցին. եւ երկունք կալցին զքեզ իբրեւ զկանայս ծննդականս.

Զի անհաւասիկ աւր տեառն հասեալ է ի վերայ քո, մարդախողխողդ, անհնարին, անբժշկելի բարկութեամբ անզաւակեցուցանել զքեզ յերկրէ եւ իջուցանել հնացեալ չարութեամբ զանձդ ի դժոխս սրախողխող տրտմութեամբ. եւ կորուսցէ զհպարտութիւն անաւրինիդ, եւ զբարձրութիւն ամբարտաւանիդ կորացուցեալ՝ յերկիր կործանեսցէ: Քանզի որ ըմբռնեսցին ի չար զաւակէն, ի պարտութիւն մատնեսցին, եւ ժողովեալք ի միասին սրով խողխողեսցին, եւ զորդիս նոցա առաջի նոցա սատակեսցեն, եւ զտունս նոցա աւար հարկանիցեն, եւ զկանայս նոցա առաջի նոցա խայտառակեսցեն եւ լցցին տունք նոցա աղաղակաւ եւ գուժիւ: Զաւակ չար, պատրաստե՛ա զորդիս քո ի սպանումն վասն մեղաց հաւրդ իւրեանց. զի մի յարիցեն եւ ժառանգեսցեն զերկիր եւ լցցեն զնա պատերազմաւք»:

He sent the Hephthalite nation as a rod of wrath against the tyrannical and bloodthirsty king of Persia and they struck and killed this impious ruler together with a countless number of his assembled troops. When the blessed Isaiah prophesied in the vision he saw over Babylon, perhaps he referred to this, when he said:

"Hark, the giants have come to satisfy my rage; they rejoice as they come and grow hostile. The Lord of hosts has commanded many nations to come from afar. The Lord has come with His armed men. Wail, you impure and wicked generations, for the day of the Lord is near; destruction from God will come upon you. Therefore, all hands will be feeble, and trembling will come upon you like a woman in travail.

"Behold, the day of the Lord comes cruel, with wrath and fierce anger, to render you childless and remove you from the earth. Whoever is caught will fall by the sword. Their infants will be dashed in pieces before their eyes; their houses will be plundered and their wives ravished. Their homes will fill with lamenting and mourning. Wicked son, prepare your children to be punished for the sins of their father. He will fill the world with war, nor will they arise and rule the world again."

Որում արդարեւ երկրորդեալ կատարեցաւ մարգարէութիւնս այս ի վերայ Պարսից թագաւորին՝ ամենաչարին Պերոզի, քանզի սկայաբար հրամանաւն Աստուծոյ եկեալ Հեփթաղական ազգն յագեցուցանել զսրտմտութիւն բարկութեան տեառն: Զի նախ զորդիս նորա առաջի նորա հարեալ սատակեցին սրով բերանոյ, զչար զաւակն եւ զբովանդակ նախարարսն եւ զկուսակալս աշխարհին, ընդ որս եւ զխառնիճաղանճ անթիւ զաւրացն բազմութիւնս եւ նոյն ինքն թագաւորն, զամենաչարն զՊերոզէ ասեմ, սրով խողխողեալ ի մէջ անթիւ դիականցն լինէր կորուսեալ, եւ զթաղումն եւ ոչ զիշու թաղեցեալ:

Եւ զամբարշտութեամբ մթերեալ անբաւ մեծութիւնն աւարեալ ի բաց բառնային եւ զկանայս նոցա խայտառակէին, եւ ոչ խնայէին ի մանկունս նոցա, եւ ոչ ողորմէին որբոց նոցա: Եւ արդարապէս յագեցուցին զսրտմտութիւն բարկութեան տեառն, եւ հատուցումն չարեաց, զոր ամենայն ազգաց հատուցանէր արիւնարբուն Պերոզ, եւթանասնեկին տուժեցաւ, եւ դարձաւ չարն ի գլուխ նորին:

Յայնժամ լցաւ եկեղեցի Աստուծոյ երանութեամբ, զի զչար մանկունս նոցա զայրացուցիչս կալեալ հարին ոչ զքարի, այլ զբերանոյ սրոյ թշնամեացն, որ չարաչար մահուամբ վերացան ի կենցաղոյս: Այլ եւ զնոյն ինքն զպիղծն հանդերձ չար զաւական սրախողխող չարամահ դառնութեամբ բառնային յաշխարհէ:

Truly this prophecy was fulfilled again on the king of the Persians, the most evil Peroz. For it was at the command of God that the Hephthalites came like giants to satisfy the Lord's anger. First, in front of him, they killed his son, his wicked children, with all the lords and governors of the land and the hosts of his innumerable forces. Then the king himself, that most evil Peroz, was put to the sword and was lost among the countless corpses, and buried in the grave of an ass.

Then [the Hephthalites] looted and carried off the immense riches amassed by [the Persian lords] in their wickedness. They raped the women and did not spare the children, and did not pity the orphans. Truly they satiated the Lord's anger and avenged the evils which the wicked Peroz had visited on many peoples. And they did this seventy times more upon him.

Then was the Church of God filled with joy, for the wicked offspring of Satan had been seized by their own enemies. They were not stoned to death but killed by the sword, and they died in agony. That same loathsome man and all his evil children were put to the sword and died a cruel and painful death. It was by the will and strength of the Most High that this evil was removed, and that [Peroz] was completely destroyed.

Թագաւորելն Վաղարշակայ եւ ի սմանէ առնուլ Վաչագանայ զիւր թագաւորութիւնն Աղուանից:

Եւ յետ բառնալոյ չարին Պերոզի չարաչար մահուամբ յաշխարհէս թագաւորէ Վաղարշակ՝ հաւրեղբայր նորա ընդ նորա: Եւ կատարի առ Վաչագան արքայ տէրունական ասացեալ բանն, եթէ որ արասցէն եւ ուսուսցէն, նա մեծ կոչեսցի յարքայութեանն Աստուծոյ: Զայս իսկ արար աստուածասէր արքայն Վաչագան. յառաջ զինքն դարձուցեալ ի մեղանչական գործոց եւ ի չար ճանապարհէն եւ գործեալ բազում եւ զանազան առաքինութիւնս, եւ զյոլով աշխարհս ի դիւական չարագործ պաշտամանէն ի սուրբ եւ յուղիղ աստուածապաշտութեանն դարձուցանէր ի պողոտայն, եւ ի բարեքաւութեան աւարտէր զառաքինութիւնն: Քանզի զիւրոյ աշխարհին նախարարս, որ միանգամ մոգութեամբն աղտեղացուցեալ էին զոգւոցն զխոհականութիւն դիցն գարշելի պաշտմամբք եւ զմարմինս պղծալից պոռնկութեամբ խեներշացուցեալ, յորդորական խրատուած էր ի խոստովանութիւն Քրիստոսի ճշմարտութեանն եւ ուսուցանէր Աստուածաշունչ գրոց վկայութեամբ՝ եթէ հաւաստեաւ լինելոց եւ յարութիւն մեռելոց՝ հրամանաւ Աստուածորդւոյն Յիսուսի եւ անշէջ հրով դառն դատաստան յանանց յաւիտենին յաւիտենից ուրացողաց եւ ոչ խոստովանողաց եւ ամբարիշտ չարագործաց, եւ մշտնջենաւոր անճառ փառաց պարգեւք խոստովանելոց զանքննելի երրորդութեանն մի Աստուածութիւն եւ ըստ կամաց Նորուն Աստուածութեանն՝ բարեգործութեամբ յաւրինել հրամայէր:

THE ENTHRONEMENT OF VAGHARSHAK, AND HOW VACH'AGAN RECEIVED HIS KINGDOM OF AGHUANIA FROM HIM.

After the evil Peroz had been removed from the world through a miserable death, his father's brother Vagharshak ruled in his stead. The word of the Lord, "whoever performs [the commandments] and teaches them shall be called great in the kingdom of God,"[9] was implemented by the God-loving King Vach'agan, for he turned from his earlier sinful deeds and then wrought many diverse good deeds, and he converted much of the land from their wicked and diabolical worship to the path of blessed and correct service to God, and through his sincere repentance he added to his virtue. Through his sincere advocacy the lords of his land who had sullied their own spirituality with Magianism and the loathsome worship of [pagan] gods and had corrupted their bodies with filthy prostitution, were led to confessing the truth of Christ. [Vach'agan] taught them, based on Holy Scriptures, that the resurrection of the dead would come at the command of the Son of God, Jesus, and that it would come with bitter punishments in undying eternal fire for apostates and unrepentant and evil-doers, but that gifts of everlasting and ineffable glory would come to those who confessed the unknowable Holy Trinity in one godhead and these folk would be rewarded by God in accordance with their good deeds.

---

9   Matthew 5:19.

Եւ որք յետ շնորհի աւազանին փրկութեան էին զառածեալք ի մոգութիւն. Ապաշխարութեամբ հաստատէր. եւ որք ի տղայութենէ իսկ երթեալ էին զհետ կորստեան ճանապարհին, հրամայէր լուսաւորել աւազանին փրկութեամբ եւ արժանաւորս առնէր ճաշակման կենդանացուցիչ մարմնոյ եւ արեան որդւոյն Աստուծոյ: Եւ ինքն յոյժ ցնծացեալ ուրախանայր ոչ այնչափ ընդ թագաւորութիւնն, որչափ ընդ բոլոր նախարարաց աշխարհին միաբանութեամբ հաւասարել ուխտի եկեղեցւոյ սրբոյ. լուեալ ի կենարար պատուիրանէն, եթէ որ դարձուցանէ ոգի մի ի մոլորութեան ճանապարհէն եւ ուսուցանէ առաքինասէր վարս, քաւի մեղք նորա, եւ զիւր հոգին փրկէ ի մահուանէ եւ քաւեսցէ զբազմութիւն մեղաց իւրոց:

Եւ աւր քան զաւր յորդորելով յԱստուածասէր պաշտամունս՝ անձանձրոյթ զլիշատակս սրբոցն կատարէր: Հրաման տայր այնուհետեւ Արցախայ ամուր աշխարհին յիւրում ծառայութեան, ի բաց լքանել թողուլ զդիցապաշտութեանն զկարգս՝ զաղտեղի դիցն զոհամատոյց պաշտամունս: Յոյժ բարեմիտ, եւ բարերար, եւ աշխարհաշէն, եւ խաղաղասէր գոլով՝ հրաման տայր ամենայն կողմանց իւրոյ թագաւորութեանն, զորոց չարին Պերոզի հանեալ էր, զթագաւորութիւնն եւ զիշխանաց զհայրենի եւ զբնիկ իշխանութիւնն բարձեալ էր, անդրէն առ իւրաքանչիւրսն դարձուցանէր զւոէրութիւնն:

Those who had been baptized but then had been led astray into Magianism, [Vach'agan] reconfirmed [as Christians] through counsel. As for those who from childhood had followed the path of perdition, he ordered that they be baptized in the font of salvation and become fit to receive the life-giving body and blood of the Son of God. He himself was overjoyed, not so much because of his kingship, but because all the lords of the land, in unity, had conformed to the oath of the Church. For he had heard the life-giving precept which says that whoever turns a soul from the path of error and teaches it the ways of righteousness shall save his own soul from death and atone for the multitude of his own sins.

Every day [Vach'agan] participated in the divine services, and he tirelessly performed memorials for the Saints. He also commanded that the secure land of Artsakh, which was in service to him, should completely abandon the forms of devil-worship and the various forms of sacrificial offerings to the foul gods. He was a most benevolent man who brought prosperity, development, and decisive rule to all parts of his kingdom. As for those native princes whom the wicked Peroz had removed from his kingdom, he returned to each his own lordship.

Յայնժամ նախարարքն աշխարհին Աղուանից առեալ զիւրաքանչիւր իշխանութիւնս՝ միաբանեալ առնուն զՎաչագան յիւրեանց հայրենի թագաւորական զարմէն քաջաբութեանց, իմաստուն եւ վարժ խոհականութեամբ, բարձր եւ վայելուչ հասակաւ, որդի Յազկերտի՝ եղբաւր Վաչէի՝ արքային Աղուանից. Եւ տարեալ թագաւորեցուցանէին ի ձեռն Վաղարշու՝ արքային Պարսից: Եւ եկեալ յաշխարհն Աղուանից՝ խնդրէր հնարս պատճառանաց, որով մարթասցէ ի բաց թողուլ զաստուածուրաց մոգութեանն դէն եւ յայտնապէս իսկ բերել ի խոստովանութիւն՝ զՔրիստոս Աստուած ճշմարիտ գոլ: Եւ դարձեալ նախախնամութեամբ մեծին Աստուծոյ ազդեալ ի միտս թագաւորին՝ հրաման տայր Վաղարշակ արքայն Պարսից, եթէ զիւրաքանչիւր աւրէնս հաստատուն պահեսցեն ըստ իւրաքանչիւր ախորժելոյ կամացն. եւ մի՛ զոք վտանգեալ՝ դարձուցանել ի մոգութեան կրաւնս: Եւ լուեալ զայս բարեպաշտ եւ աստուածասէր արքային Վաչագանայ՝ բազում խնդալից բերկրանաւք դիմեալ յեկեղեցի Աստուծոյ, բազում աղաւթիւք եւ արտասուաւք խոստովանէր զմշտնջենաւոր եւ զանճառ սուրբ երրորդութիւնն. Եւ մաղթէր բազում աղաչանաւք զեպիսկոպոսսն եւ զերիցունս եւ զանապատականս եւ զամենայն ուխտ եկեղեցւոյ՝ ցաւակից եւ աղաւթակից լինել իւր առ ի հաշտեցուցանել զամենողորմ Աստուած: Եւ ինքն ի պահս եւ յաղաւթս եւ յողորմութիւնս աղքատաց առատապէս կանխէր՝ հայեցեալ յերանելին Պետրոս, եթէ յետ ուրացութեանն կարաց գլուխ առաքելոցն լինել, եւ միանգամայն փականաւ եւ իշխան երկնից արքայութեանն: Եւ դարձեալ՝ այլ ումն յաշակերտացն տեառն թերահաւատեալ եւ յետոյ Տէր եւ Աստուած խոստովանեալ՝ կալաւ զկարգ առաքելութեանն. եւ այլ եւս բազումք եւ յոլովք մեղուցեալք ի ծայրս, առաքինութեան ընթացան եւ եղեն ժառանգաւորք մշտնջենաւոր եւ վայելչական արքայութեանն:

Then the Aghuan lords, each having recovered his own principality, convened and accepted Vach'agan from their own native royal family. He was the son of Yazdgird and brother of King Vach'e' of Aghuania. [Vach'agan] was brave, wise, and prudent, tall of stature and good looking. They took him and made him king at the hands of Vagharshak, king of Persia. When he returned to the land of the Aghuans, he sought for some means to forsake the godless faith of Magianism and to openly practice Christianity as the true confession. God providentially caused Vagharshak, king of the Persians, to issue an order saying that all should hold to their own faiths and that no one should be forced to convert to Magianism. When the good and pious King Vach'agan heard about this he was overjoyed. Then with many prayers and tears he turned to the Church of God and confessed the eternal and ineffable Holy Trinity. And he greatly entreated the bishops, priests, and cenobites of the Church to share his penitence and prayers to appease all-merciful God. [Vach'agan] himself engaged in fasts, prayers, providing charity to the poor, always considering the example of Peter. The latter, despite his apostasy, was able to become the head of the Apostles, the Keeper of the Gates, and a prince in the Kingdom of Heaven. [King Vach'agan] also recalled that one of the Lord's disciples who disbelieved later on, after confessing the Lord and God, became one of the Apostles. Furthermore, many, many sinners had reached the heights of virtue and became heirs of the beautiful and eternal Kingdom.

Ընդ որս եւ բարեպաշտ թագաւորն՝ Վաչագան հայեցեալ՝ սրբեալ մաքրեաց զինքն յստակ հաւատոցն առաքինութեամբ ճշմարիտ դարձին առ ճշմարիտ աստուածութիւնն: Եւ այլոց եւս բազմաց եւ բազում աշխարհաց բժիշկ լինել դարձի առ բոլորեցունցն Աստուած Յիսուս Քրիստոս եւ ազատեալ ի դառն ծառայութենէ սատանայի. զի բժիշկ այն իսկ է հմուտ եւ առաւել տեղեակ բժշկութեան արուեստին, որ յիւր մարմինն առեալ է դժնդակութիւն սրոյ խոցման եւ զառողջութիւն ի ձեռն հնարից եւ բազում պաճարանաց բժշկական դեղոց ընկալեալ, նովին դեղովք եւ զայլ վիրաւորեալսն կարող է վաղվաղակի ածել յառողջութիւն: Սոյնպէս եւ մեղուցեալ ոք, որ դառնայ առ Աստուած յամենայն սրտէ, եւ բժշկական դեղ ապաշխարութեան ընդունի յառողջութիւն հոգւոյն, եւ նովին կենսաբեր դեղով՝ խոստովանութեամբ եւ ապաշխարութեամբ կարէ եւ այլոց եւս առողջացուցիչ եւ նորոգիչ գոլ հոգւոց եւ անմահացուցիչ մարմնոց եւ դառնալ ամենեւիմբ ի սուրբ եւ յամենապարկեշտ քրիստոնէութեանն պաշտաւն:

Պատուհաս մեծ եւ տուգան ի վերայ ածէր եւ կարգէր, որ ոք բազին արասցէ եւ դիւթ հարցցէ, եւ կամ եթէ զինչ եւ իցէ, որ դից աղտեղեաց պաշտաւն տարցի եւ զկարգս քրիստոնէութեան ամբողջ եւ հաստատուն ոչ պահեսցէ: Եւ զկախարդս եւ զդիւթս եւ զքուրմս յետ միանգամ եւ երկիցս խրատելոյ եւ դարձեալ ի նմին չարութեան գտանիցի ի գործ, յայնժամ չարաչար տանջանաւք եւ գանիւք, կապանաւք ի դուռն արքունի հասուցեալ՝ մեծագոյն պատուհաս կրեսցեն:

The pious king Vach'agan considered all of this and sanctified and cleansed himself in the virtue of true faith by converting to the true God. He also became the physician to many other lands by converting them to the God of all, Jesus Christ. [Vach'agan] freed them from the bitter service to Satan. For in truth, the wisest among doctors and the most skilled in medicine is the doctor who—when his own body is afflicted with terrible wounds—is able to restore his own health through medicinal herbs. Using the same drugs, he can also bring others who are suffering quickly back to health. It is the same for a sinner who sincerely turns to God and receives the drugs of repentance. The health of his soul may, with the same beneficial drug of confession and repentance, become the healer and restorer of the souls of others and the one who makes their bodies immortal, by converting them completely to the holy and pure Christian religion.

[King Vach'agan] established punishments and fines to be levied on those who set up [pagan] altars, or made charms, or worshiped unclean gods, or not did not keep fully and firmly to the precepts of Christianity. He warned the witches, sorcerers, and pagan priests once and then again that if they should be discovered working such evil, they would be brought to court in painful fetters and with canings and be subjected to the most severe punishment.

Եւ զբազում կախարդս այնուհետեւ, եւ զդիւթս, եւ՛ զքուրմս՝զոմանս խեղելով, եւ զոմանս շկաւթակ առնելով եւ զոմանս ի ստրկութիւն արկանելով, եւ զյոլովս խրատելով՝ տուեալ զքրիստոնէական կնիքն՝ առնէր ուսեալս աստուածագիտութեան ճանապարհին: Եւ կարգէր տեղեաց տեղեաց եպիսկոպոսունս, եւ երիցունս, եւ հայեցողս. եւ ի Կամբէճս եւ յԱղուանս զնոյն հրաման սաստից կարգեալ հաստատէր եւ այսպէս եպիսկոպոսս եւ երիցունս եւ սարկաւագունս. բոլոր իսկ ուխտ եկեղեցւոյ մեծարեալք եւ յարգեալք էին յամս թագաւորութեանն բարեպաշտ արքային Վաչագանայ:

Some [members] of this numerous groups of witches, sorcerers, and pagan priests were strangled, banished, or enslaved. Many others, through counsel, accepted the Christian faith and began traversing the path of God. In many places [Vach'agan] established bishops, priests, and supervisors. He issued the same strict orders for Kambechan and Aghuania. He established bishops, priests, and deacons. Indeed, throughout the reign of the pious Vach'agan the entire community of the Church was exalted and honored.

Վասն կարգելոյ դպրոցս արքային Վաչագանայ չարածնունդ մանկանցն դիւթաց. եւ գտանելոյ զպիղծ աղանդն մատնահատութեան եւ վախճան նոցուն:

Յաստուածուստ պսակեալն այն Վաչագան հրամայէր ժողովել զմանկունս կախարդացն, եւ դիւթաց, եւ քրմաց, եւ մատնահատաց, եւ դեղատուաց. հրամայէր ի դպրոցս ունել եւ ուսուցանել զաստուածեղէն ուսումն եւ տեղեկացուցանել վարուց քրիստոնէութեան, առ ի հաստատել ի հաւատս երրորդութեանն եւ ուղղել յաստուածապաշտութիւն զհիւրեանց ամբարիշտ հայրունեան ազգս: Իսկ զյոլովս ի մանկանցն յիւր սեփական գիւղն Ռուտակ անուն ժողովէր եւ կարգէր ռոճիկս եւ դպրապետս ի վերայ. եւ հրամայէր վարժել եւ հմուտ լինել կարգի քրիստոնէութեանն:

Եւ յորժամ ինքն ի գիւղն գայր ի կատարել զչիշատակս սրբոցն՝ նստէր ինքն թագաւորն ի դպրոցատանն եւ զորդիս դիւթացն եւ քրմացն զինքեամբ կացուցանէր. գոբողյաբար բակ առեալ բազմութեանն յոյժ եւ ոմանց գիրս. եւ ոմանց պնակիտս ի ձեռին ունելով. եւ միաբան առ հասարակ ամենեցուն մեծաձայն հրամայէր կարդալ եւ ինքն զըւարճացեալ ի մէջ նոցա յաւրանայր իբրեւ մեծագոյն իմն գտեալ պարգեւս համարէր անձին:

ESTABLISHMENT BY KING VACH'AGAN OF ROYAL SCHOOLS FOR THE EVIL-BORN CHILDREN OF SORCERERS; THE DISCOVERY OF THE UNCLEAN SECT OF FINGER-CUTTERS AND THEIR END.

Now the God-crowned Vach'agan ordered that the sons of witches, sorcerers, pagan priests, finger-cutters, and poisoners be assembled and put into schools where they would study Christianity and learn Christian deportment. This was done to firmly establish belief in the Holy Trinity and to correct their immoral national patrimonial cult(s). [Vach'agan] went to the village [where the school was located] in his own private village of R'utak, established stipends, designated a head-master, and ordered them to study Christianity.

When he went there to attend a commemoration for the Saints, he himself would sit in the school house, surrounded by the sons of sorcerers and pagan priests. He then would command the crowd which had assembled with books and tablets in hand to read aloud in unison. And he was happier than someone who had discovered a great treasure.

Այլ եւ ձեռն եւս արկանէր յուզել եւ՛ քննել, եւ՛ խնդրել զչար աղանդսն մատնահատութեան եւ դեղատուութեան, քանզի երկոքեան մարդասպանութեան են աղանդք: Եւ մինչդեռ յայսմ խնդրի էր, մարդասէրն Աստուած կամեցաւ յայտնել սմա ի ձեռն Աստուածասէր արքային բառնալ զչար աղանդն յաշխարհէ: Քանզի ի բազում ժամանակաց, որպէս լուեալ էր Վաչէի, վարէր չարագործութիւնս այս յաշխարհիս Աղուանից: Եւ նախկին թագաւորացն Աղուանից ոչ կարացեալ ըմբռնելեւ կամ թէ անփոյթ իսկ արարեալ. իսկ անիծեալ եւ չար Պարսիկ մարզպանքն շատ անգամ ըմբռնեալ զնոսա՝ կաշառաւք կուրացեալ ի բաց թողուին:

Իսկ ի ժամու միում մինչդեռ կատարէին զչար գործ մատնահատութեան յամուր մայրուջն առ ափն Կուր գետոյ, չորիւք ցցովք պրկելով զչորեցունց բութոցն՝ կապեալ մանուկ մի եւ մորթէին կենդանւոյն: Այլ ումեմն մանկագոյն պատանեկի դէպ եղեւ ճանապարհաւ հուպ անցանել առ նոքաւք եւ ի վայելն անդրի ներքս յարեալ տեսանէր զմարդախողխողացն ոճիրս, եւ նոցա զհետ ելեալ մանկանն՝ կամէին ունել զնա եւս: Եւ փախստեայ եղեալ մանկանն՝ անկանէր ի գետն մեծ Կուր: Անդ ի միջի գետոյն ծառ մի կղզւոջ դիպեալ. եւ ի լուղ անցեալ ելանէր ի ծառն՝ չգիտելով չարագործացն: Եւ ի միտ առեալ ճանաչէր զմարդիկն: Անտի զերծեալ անցանէր ընդ մեծ գետն եւ եկեալ փութապէս պատմէր արքային:

He began to inquire into and investigate the wicked sects of the finger-cutters and the poisoners, for both were murderous cults. While he was starting his investigation, humane God willed that the evil sect should be eliminated from the land by this godly king. For as Vach'e' heard, their wickedness in Aghuania had been practised for a long time. Other kings of the Aghuans were either unable to capture them or had not exerted themselves. Furthermore, the accursed and evil Persian *marzpan*s had indeed caught them frequently, but then subsequently released them for bribes.

Now it happened that one day when they were engaged in the evil act of finger-cutting in a cave in a secure wooded area on the bank of the Kur River, a young lad happened to walk along a path close to where they had bound another boy to four stakes by his thumbs and toes and were flaying him alive. Hearing the groaning, this younger boy went in and saw the evil deeds of the murderous criminals. They chased after him with the intention of seizing him too, but he ran off and dived into the Kur. Now the [fleeing] boy had noticed a tree standing on an island in the middle of the river. He made for it, and climbed up without his pursuers seeing him. He was able to escape and cross the river. But he had recognized those men and he hurried to tell the king all about it.

Եւ զայս լուեալ արքային յաղաւթս կացեալ գոհանայր զմարդասիրէն Քրիստոսի եւ հրամայէր ուխտի եկեղեցւոյն պահել եւ պաշտաւն առնել առ Աստուած խնդրուածովք, զի յայտնեսցի չար դիւապաշտութիւնն եւ բարձցի յաշխարհէս: Քանզի սատանայի այսպէս կալեալ էր զմիտս իւր չար արբանեկաց, մինչ զի անկարելի ումեք էր զչար աղանդոյն մարդիկ ի խոստումն ածել: Յայնժամ հրամայեաց թագաւորն ունել զմարդիկն, զորս ի խողխողմանն իսկ տեսին եւ յոլովագոյն այլեւս մարդիկ, զորս համբաւաւ գիտէին, եւ բազում գանիւք եւ չարաչար տանջանաւք ի փորձ առեալ՝ ոչ կարէին խոստացուցանել զչարագործսն, ապա բարկ քացախ եւ բորակ խառնեալ եւ զերկրեալ զչարագործսն արկանել հրամայէր ընդ ունչսն, մինչեւ աչքն լսնագոյն եղեալ շրջէին համայն. եւ յայնմ եւս դառն տանջանսն զոչ եւ զուրաստ կալեալ՝ չլինէին խոստուկ:

Իսկ իբրեւ Աստուծոյ յաջողեալ էր ի ձեռն թագաւորին, որպէս եղեւն ասացեալ, բառնալ զչարաղանդն յաշխարհէս, իմաստութեամբ խորհեցաւ ածել ի խոստումն: Հրամայէր զամենեսեան ածել ի տեղի սպանմանն. եւ զմի ումն, որ մանկագոյնն էր ի նոցանէ, զառաջեաւ իւր հրամայեաց թողուլ եւ երդուաւ մեծապէս, թէ զքեզ չհրամայեմ սպանանել, եթէ զստոյգն ասես եւ հաւաստեաւ ցուցանես զհանգամանս դիւապաշտութեանն: Եւ մանկանն սկսեալ եւ զգլուխն ընդ երկիր ածեալ՝ պատմէր զխորհուրդ չար աղանդոյն: Ասէ. Դեւն յայտնապէս գայ ի կերպարանսն մարդոյ եւ հրամայէ երիս դասս լինել, եւ մէն երիս մարդս ունել եւ մի՛ խոցել, եւ մի՛ սպանանել, այլ ողջոյն հանել զմորթն եւ լուծանել զաջոյ ձեռինն զբոյթն եւ մորթովն տանել ընդ լանջսն եւ ի ձախոյ ճկութէն հանել, եւ լուծանել զձախ ճկոյթն: Եւս ի ներքս նոյնպէս առնել եւ զոտիցն, մինչդեռ կենդանի կայ մարդն, ապա սպանանել եւ զմորթն սնուցանել եւ՛ կազմել, եւ՛ դնել ի սապատի:

When the king heard about this, he offered up prayers of thanksgiving to humane Christ and commanded the clergy to fast and pray so that this wicked devil-worship be exposed and eliminated from the land. Satan had such a hold on the minds of his evil satellites[10] that it was impossible to make any of the evil men of that sect break their oath. The king ordered the arrest of the men who had been seen committing the murder as well as many other men who were known by reputation [to be associated with the sect], but despite the beatings and other terrible tortures, none of the evildoers could be made to talk. He even commanded that a mixture of scalding vinegar and borax be poured into their ears until their eyes turned white like the moon. But even this did not make them confess.

As we mentioned earlier, it was God Who guided the hand of this king to remove the wicked sect from the kingdom. Consequently, [King Vach'agan] cleverly devised a plan to make them confess. He ordered that all of them be taken to the place of the killing, and selected one who was younger than the rest. He ordered that this man be released. Then [the king] made him a promise that "I will not have you put to death if you confess and honestly tell us the details of this devil-worship." Falling on his face, the young man started to narrate the mysteries of the wicked cult. He said: The demon appears in the form of a man and orders that three ceremonies be conducted, each one involving three men. These men are not to be pierced or killed, but while still living the skin and thumb of the right hand is removed and pulled with the skin over the chest to the little finger of the left hand. Then the little finger is cut and broken off inside. The same is done to the feet while the man is still alive. Then he is killed. The skin is removed and placed into a basket.

---

10 *Evil satellites:* the finger-cutters.

Եւ իբրեւ ժամանակ չար պաշտաման նն եկեալ լինի, ա-րարեալ աթոռ երկաթի ծալածոյ, եւ ոտք են ոտից մարդոյ նման, զոր բերեալ իսկ տեսաք բազումք. եւ հանդերձ ինչ պատուական դնեն ի վերայ աթոռոյն: Եւ եկեալ դեւն զգենու զհանդերձն եւ նստի ի վերայ աթոռոյն. եւ առեալ զինն մար-դոյն զմորթն մատամբքն հանդերձ տեսանէ: Եւ եթէ չկարեն ունել զսակն, զծառոյ կեղեւ հրամայէ հանել եւ արջառ կամ ոչխար զենեալ առաջի նորա՝ զոհ առնեն. եւ՛ ուտէ, եւ՛ ըմպէ ընդ չար պաշտանեայսն իւր. եւ ձի թամբեալ եւ սանձեալ կազմ պահեն. եւ հեծեալ ի ձին արշաւէ այնքան, մինչեւ զկայ առնու ձին. եւ ապա ինքն չքացեալ աներեւութանայ: Այն-պէս առնէ տարւոյ տարւոյ: Եւ եցոյց զայր եւ զկին աղան-դոյն չարութեան. եւ ապա այլք եւս եկեալ յաղանդոյն զնոյն խոստովանեցան: Եւ հրամայեաց ապա թագաւորն նմին առն, որ պատմեաց զայս ամենայն, եթէ քեզ արեւդ շնորհ-եալ լիցի վասն երդմանն, զոր վկայեցի. բայց արդ՝ որպէս նոքա զայլսն առնէին, դու նոյնպէս արա զնոսա: Եւ այսպէս առեալ հրաման յարքայէն, առաջի բազմամբոխին արար ընդ նոսա ըստ աւրինակին իւրեանց: Եւ որպէս խոստուկն եղեւ, նոյնպէս արար զբազումս ի նոցանէն առաջի բազում արքայական բանակին: Եւ զկէսն ի նոցանէ յիւրաքանչիւր գիւղս տանել առ դուրս ընտանեաց եւ խողխողել զնոսա, նոյն ձեւով եւ բազում դեղատուս կալեալ՝ հրամայեաց սպա-նանել. քանզի եւ այն աղանդ էր պաշտամանն, զոր դիւին հրամայեալ ի տարւոջն միում մարդոյ տալ եւ սպանանել. եւ եթէ այլում չկարէր տալ, այնչափ նեղէր դեւն, մինչ զի իւրում ընտանւոյն տայր տալ զմահու դեղն:

When the time for the wicked service arrives, a folding chair made of iron is set up. The feet of the chair are in the shape of human feet, as many of us present there saw. Now some valuable garment is placed upon the chair and when the demon arrives, he puts this garment on, and sits on the chair. Then he takes a weapon, and begins to examine the slain man's skin and fingers. Now if they are unable to procure any [human for sacrifice], [the demon] orders that the bark from a tree be stripped off and that an ox or sheep be sacrificed in front of him. Then he eats and drinks with his evil servitors. A horse, saddled and harnessed, is held ready. Mounting the horse he gallops around until the horse stops by itself. Then [the demon] becomes invisible and disappears. He does this every year. He pointed out a man and woman who belonged to the evil sect, and then even more people came forward to confirm the same things about the sect. The king then spoke to the man who had related all this to him, saying: "Your life is spared in accordance with the oath I swore. However [I would like you to] do the things you described to those [who perpetrated them] on others." The man performed those acts on many people in the presence of the royal camp. Half of them were taken to their villages and were killed in the same manner, in the presence of their own families. [King Vach'agan] also commanded that many poisoners be seized and killed. That sect had the form of worship in which every year the demon would order a man to be given poison and killed. If it proved impossible to give [the poison] to a stranger, the demon so harassed [the worshipper] that he gave the fatal poison to a member of his own family.

Եւ այլ եւս աղանդք դիւապաշտութեանն. զի մի՛ դեւն կոյր առնէր, եւ միւսն՝ պիսակ, որք հեղգային առնել զպաշտաւնն չարութեան: Եթէ զայլ ոք մատնեալ կախարդութեամբ չար դիւացն, զնոյն աղէտս կուրութեան եւ պիսակութեան ի վերայ հասուցանէին: Զորս ի բուռն առեալ թագաւորին չարաչար տանջանաւք բառնայր յաշխարհէս: Եւ զաւազակս եւ զամենայն վնասակարս բնաջինջ արարեալ յաշխարհէն Աղուանից: Եւ որպէս զքաջ եւ զարի մշակ՝ ջերմագութ սիրով խնամ տանել անդաստանացն՝ զփուշ եւ զորոմն ի բաց խլելով եւ սերմն բարի սերմանել եւ տարածանել՝ առ ի պտղաբերս առնելոյ զերեսնաւորս եւ զվաթսնաւորս եւ զհարիւրաւորս: Յայնժամ բաւական եւ առատաբաշխն ողորմածին Աստուծոյ հայեցեալ յառնն ամենաբաւ բարուցն վայելչութիւն եւ տեսեալ թէ որպէս փոյթ ունի առ Աստուածային կամացն կատարումն, այսուհետեւ շնորհեաց նմա զծածկեալ հոգեւոր գանձն, ուր ուրեք կայր նշխարք սրբոց վկայից:

There were still other diabolical sects. [According to one, supposedly,] one demon would cause blindness to those refusing to worship evil while another would give spots [to those refusing to worship]. Should one [member of the sect] betray another, the sorcery of evil demons would bring upon him the afflictions of blindness and spots. The king seized such people and tortured them to death. He also eliminated robbers and other evil-doers from the land of the Aghuans, like a seasoned and virtuous farmer tending his fields with enthusiasm and love, uprooting the thistles and weeds, broadcasting and sowing the good seed to bear fruit thirty, sixty, and a hundred times over. Almighty and merciful God, observing the beauty of the virtuous conduct of this man and the zeal with which he strived to work God's will, bestowed on him the relics of the most holy martyrs in Christ from a place where the spiritual and ineffable treasure was hidden.

Յայտնութիւն նշխարաց սրբոյն Զաքարիայ՝ հաւրն Յովհաննու եւ երանելոյն Պանտալիոնի, որ վկայեաց ի Նիկոմիդիա քաղաքի, զոր տարեալ էր մանկանն Գրիգորիսի յաշխարհն ճղբաց:

Բազում նշանք եւ արուեստք լինէին ի քաղաքին՝ անուանեալն Ցրի՝ ի տեղւոջն, յորում երանելի վկայիցն Քրիստոսի նշխարքն կային: Եւ ոչ ումեք յայտնի էր դիր նշխարացն սրբոց. եւ բնակիչք հեթանոսք էին աշխարհին, այլ երթեալ ջերմնոտք եւ ախտաժէտք առնուին հող յեկեղեցւոյն ուր նշխարք սրբոցն կային: Թէպէտ եւ բարբարոսք էին, լինէր մեծամեծ բժշկութիւն: Իսկ ամենաչար Պարսկաց պապանձական պաշտաւնն, որ միշտ հակառակ կայր եկեղեցւոյ Աստուծոյ, մտեալ Պարսիկ մի մոգ, ուր կային նշխարքս այս՝ առ ի ծաղր առնելոյ, կամէր զպէտս իւր վճարել. եւ իբրեւ լուծեալ զխոնջանն, աղիքն ի վայր թափեալ, չարաչար տանջանաւք ելանէր ի կենցաղոյս:

Զայս նշանագործութիւն Յունան Հոնաց եպիսկոպոս, որ ի Մասքթաց աշխարհին էր, եւ յոյժ ճշմարտախաւս՝ իւր իսկ ականատես եղեալ պատմեաց: Իսկ ի Հակու, ուր երանելեաց վկայից նշխարքն կային, որք վկայեցինն ի Ցրի քաղաքի առաջի Գերգեսացւոյն Պարսկի, երէցն Ցրւոյ եւ ճիրք մանուկն, որ գլխատեցանն եւ բերան ի Հակու, այս վանաց երիցու երեւի ի տեսլեան գիշերոյն, որում անուն էր Յակոբ, այր մի աւագաշուք, լուսաւոր կերպարանաւք, եւ մի եւս մանուկ յարանց նոյնպէս ահագին տեսլեամբ. եւ ասէին. «Երթ ի Ցրի առ գործակալ քաղաքին Խոճկորիկ անուն՝ նախարար յԱղուանից աշխարհէն եւ ասա՝ մեք եւ նմա ցուցանեմք զտեսիլդ. Սուրբք եմք յեկեղեցւոջդ, հանէք դու եւ նա».

THE DISCOVERY OF THE RELICS OF THE BLESSED ZACHARIAS, FATHER OF JOHN, AND OF THE BLESSED PANTALEON WHO WAS MARTYRED IN THE CITY OF NICOMEDIA, WHICH THE YOUNG GRIGORIS HAD BROUGHT TO THE LAND OF THE CHIGHBS.

Numerous signs and miracles took place in the city named Ts'ri in that spot where the relics of the holy martyrs in Christ lay, although no one knew precisely where the remains of the Saints were. Despite the fact that the inhabitants of the land were pagans, those with fevers and illnesses went to the church where the relics lay, and took earth from the place. Many of these people, though pagans, were greatly cured nonetheless. The foolish religion of the evil Persians, which was always in opposition to the Church of God [was practiced by] a certain Persian mage who came to the place where these relics lay to mock them by relieving himself on them. However, when he loosened his pants his intestines fell out upon the earth, and he died in the greatest agony.

This miracle was related by Yunan, archbishop of the Huns, who was from the land of the Mask'ut'k'. [Yunan] was a very honest man and was himself an eyewitness to the event. Now in Haku lay the relics of the blessed martyrs the priest of Ts'ri and the Chighb lad who had been beheaded by the Persian Argesats'ik'. Their remains had been taken to Ts'ri. There a man of supremely luminous appearance and a similarly radiant youth appeared at night in a vision to the priest of the monastery named Yakob. They said: "Go to Ts'ri and inform the city's governor, who is a lord from the land of the Aghuans named Xochkorik. We shall show him the same vision [that you are seeing]. We are Saints of the Church. You and he are to remove [our relics]."

Եւ անփոյթ արարեալ երիցուն. կրկնեալ եւ երեք կեն-եալ նոյն տեսիլ, եւ դարձեալ ի վերջ ընկեցեալ անփոյթ առ-նէր: Եւ նա ոչ զգաց մինչեւ ուժգին անկանել նմա ի ցաւս մերձ ի մահ: Եւ եկեալ նոյն արք հրեշտակաշուք եւ ահաւոր կերպարանաւք եւ ասեն ցերէցն. «Է՞ր աղագաւ մեռանիս, գիտե՞ս, եթէ ոչ»:

Եւ նա ասէ. «Եթէ ոչ, տեարք»:

Եւ նոքա ասեն. «Վասն զի հեստեալ յամառեցեր եւ ոչ չոգար ի Ցրի առ Խոճկորիկ՝ առնուլ զմեր նշխարս անտի, արդ մեռանիս աւադիկ»:

Եւ աղաչեալ երիցուն հայցէր զբժշկութիւն. զի փութով երթեալ կատարեցից զհրամայեալսն. եւ նոցա ձեռն եդեալ ի վերայ՝ առժամայն բժշկէին: Ընկալեալ զառողջութիւն եւ յարուցեալ գնայր ի քաղաքն Ցրի: Եւ իբրեւ գտանէր զԽո-ճկորիկ, որ էր գործակալ ի քաղաքին եւ նորա ոչինչ հար-ցաքնին արարեալ, այլ որպէս առն Աստուծոյ առնէր ընդու-նելութիւն: Եւ վասն զի ի տեսլեանն ասացեալ էր, եթէ Խոճ-կորիկայ նոյնպէս ցուցանեմ զտեսիլդ, երէցն ոչինչ ի վեր հանէր զբանսն: Եւ իբրեւ յընթրեացն ի վեր յառնէին, երէցն երթեալ յեկեղեցւոջն հանգչէր՝ հանդերձ երկու եւս երի-ցամբք, որ ընդ գործակալին էին, եւ Խոճկորիկն երկու պա-տանեաւք՝ յիւրն վանսն: Եկեալ նոյն արքն նովին ահաւորա-գոյն կերպարանաւք՝ եւ ասեն ցԽոճկորիկն. «Արի երթ յեկե-ղեցին, եւ սուրբքն անդ են, հանէք դու եւ երէցդ»: Եւ զար-թուցեալ ի քնոյն ասէր. «Ուրեմն, ի ժամ վաղ չոգայ, վասն այսորիկ է տեսիլդ»: Եւ դարձեալ ննջէր եւ վաղվաղակի անդէն քունն առնոյր եւ դարձեալ երեւէր նոյն տեսիլն: Եւ ասէին. «Ոչ եթէ վասն այնորիկ ասացաք, եթէ ի ժամ վաղ չոգար, այլ մեր նշխարքն կան յեկեղեցւոջն, երթ դու եւ երէցն հանէք»:

The priest ignored this. However, the same vision was repeated to him a second and a third time. He continued to ignore it until he fell seriously ill and was close to death. Then those same men in the forms of splendid luminous angels returned again and said to the priest: "Do you know why you are dying?"

He replied: "No, lords."

They said: "It is because you are stubborn and disobedient. You would not go to Xochkorik in Ts'ri and retrieve our relics. And lo, now you lay dying!"

The priest begged them to cure him so that he might quickly go and fulfill their order. They put their hands on him, and he was cured at once. He got up and went to the city of Ts'ri. He located Xochkorik who was administrator in the city who asked him no questions and received him like a man of God. The man in the vision had told him that Xochkorik would also see a vision, and so the priest did not make explanations. After eating they got up, the priest going to sleep in the church with two other priests who were with the governor [Xochkorik], while Xochkorik himself went to sleep attended by two servants. Those same men appeared in their awe-inspiring shape and said to Xochkorik: "Get up and go to the church, for the Saints are there. You and the [other] priest must gather them up and remove them." [Xochkorik] awoke and was told: "Hurry, this is a vision." However, he fell back to sleep again. The vision returned. [The men in the vision] said: "We are not speaking solely that you get up early, but for the sake of our relics which are in that church. You and the priest must go and fetch them."

Եւ զարթուցեալ յերկիւղ ահագին, դարձեալ քունն առնոյր քաղցրագոյն. եւ եկեալ երրորդ անգամ նոյն արքն լուսազգեստք, յոյժ պայծառ կերպարանաւք շքեղացեալք եւ ասեն. «Արի երթ յեկեղեցին եւ տեսանես լոյս մեծ յեկեղեցւոջն եւ ուշ կալջիր լուսոյն, թէ յորում տեղւոջ լոյսն ժողովի, անդանաւր կան նշխարք մեր»: Եւ նոյն տեսիլ նոյնպիսի ի նմին ժամուն երիցս երեւեալ երիցուն: Եւ յարուցեալ երէցն յեկեղեցւոյն ի դուրս ելանէր առ Խոճկորիկ գնալ: Եւ նա առ սա չոգաւ՝ պատմել զտեսիլն. իրերաց դիպեցան եւ խոստովանեցան երկոքեան զմի պատճառս եւ պատմէին զտեսիլն իրերաց: Եւ այնուհետեւ երէցն Յակոբ եւ նախարարն Խոճկորիկ անուանեալ եւ երկու եւս այլ երիցունքն, որ էին ընդ գործակալին եւ երկու պատանիք, որոց տեառնագրեալ զինքեանս կենարար նշանաւ՝ խաչիւն դիմէին յեկեղեցին: Եւ իբրեւ մտին ի գաւիթ եկեղեցւոյն, կայր խաչ արտաքոյ դրանն. Անդ երկրպագեալ խաչին՝ հայեցեալ տեսին լոյս սաստիկ յեկեղեցւոջն ահաւորագոյն յոյժ: Եւ զարհուրեալ յոյժ՝ անկան ի վերայ երեսաց առաջի Սուրբ խաչին եւ ոչ կարէին ամբառնալ զգլուխս իւրեանց յերեւեցելոյ նորահրաշ լուսոյն: Եւ պաշտեցեալ սաղմոս մի, կամեցան յառնել եւ ոչ կարացին. եւ ասացեալ զերկրորդ սաղմոսն, դեռ եւս այն անգամ ոչ զաւրեցին. եւ ի կատարել զերրորդն՝ աւգնութիւն հասեալ յամենազաւրէն յԱստուծոյ որպէս թէ եկեալ ոք զամենեսեան կանգնէր: Եւ նոցա զաւրացեալ ի շնորհաց բարձրելոյն, կնքեալ զինքեանս նշանաւ տէրունեան խաչիւն, մտանեն յեկեղեցին՝ ի լցեալն պայծառագոյն լուսով եւ պաշտէին մինչեւ ցառաւաւտն:

He awoke in an awful fright, but soon he fell back into sweet sleep again. A third time those men who were clothed in light and who possessed the most glorious and beautiful forms reappeared and told him: "Get up and go to the church. There you will see a great light burning. Notice where the light shines, for there lie the relics of the Saints." This same vision appeared at the same time to the priest who got up and met Xochkorik who came to tell him about his own vision. They met, explained why they had arisen and told each other about their visions. Then the priest Yakob and the lord named Xochkorik, together with the two priests attached to the governor and the two servants, went to the church, crossing themselves. After they had entered the porch near the beam and had prayed before the Cross, they saw the most amazing bright light in the church. The light was so overwhelming that they were unable to get to their feet. Even after singing a psalm or two they were unable to get up. When they had sung a third psalm, however, Almighty God helped them, and it was as though someone had put them on their feet. They crossed themselves and went farther into the church which was now filled with the brightest, most glorious light. There they prayed until morning.

Եւ ընդ այգանալն ժողովել սկսանէր լոյսն բովանդակ ի բեմ անդր եւ երթեալ միաբանէր ի տեղւոջն, ուր երանելեաց վկայիցն Քրիստոսի ամենասուրբ նշխարքն կային: Եւ ի նուազել լուսոյն զաւրէն ճրագի մերթ լուցանէր եւ մերթ անցանէր ի վերայ տեղւոյն, ուր սուրբ նշխարքն կային, մինչեւ նկատեցին զտեղին: Եւ ապա բացեալ գտին զնշխարս երանելեացն. եւ գիր ի վերայ տարմալոյն, յորում Սուրբքն կային զայս աւրինակ. «Ես Գրիգորիս բերի զայս Սուրբս՝ զերջանիկն Զաքարիա՝ զհայր Յովհաննու եւ զմեծ վկայն Քրիստոսի՝ զՊանդալիոն երանելի, որ վկայեաց ի Նիկոմիդիա քաղաքի. եւ ես աստէն վախճանեցայ»: Եւ առեալ լուսային եւ ածանէին զնշխարս սրբոցն անոյշ հոտովք. եւ կնքէր Խոճկորիկն իւրով մատանեաւ. եւ ինքն հեծեալ յերիվար մի գեղեցիկ ճեպէր հասանել առ բարեպաշտն Վաչագան՝ պատմել զերեւումն հրաշիցն:

Իսկ աստուածասէր թագաւորին յոյժ ցնծալից ուրախութեամբ զուարճացեալ՝ կանխէր յաղաւթս եւ ի բարեբանութիւն մեծին Աստուծոյ. Գոհանայր զմեծագոյն տուելոյն զպարգեւս:

Եւ անդէն վաղվաղակի ժողովէր զեպիսկոպոսս եւ զվանականս եւ զանապատաւորս, մեծապէս կատարէր զյիշատակ Սրբոցն, եւ աղքատաց առատապէս առնէր ողորմութիւն, եւ զեպիսկոպոսս եւ զերիցունս զգեցուցանէր պատուական հանդերձիւք: Եւ զՄանասէ զիւր դրան երէցն, որ էր յոյժ հաւատարիմ, հանդերձ իւրովք պաշտաւնէիւք առաքէր փութապէս առնուլ առ իւր զամենասուրբ նշխարս վկայիցն: Եւ ի գալ սրբոցն՝ ինքն թագաւորն հանդերձ թագուհեաւ ի հետիոտս ելանէր ընդառաջ բազում պաշտաւնէիւք, տէրունեան պայծառացեալ խաչին նշանաւ, եւ՛ խնկովք, եւ՛ զանազան ծաղկաւք, եւ՛ անթիւ ժողովոց բազմութեամբ՝ աւրհնեալ եւ փառաւորեալ հոգեւոր երգովք ի ձեռն առաքինասէր նահատակացն Քրիստոսի զՅիսուս Քրիստոս՝ զճըշմարիտն Աստուած:

At dawn, all the light in the church concentrated over the place where the most blessed relics of the venerable martyrs of Christ lay. As the light died down, a light flickered on and off above the spot until they were able to see just where it was. They opened it and found the Saints' relics. There was an inscription on the vessel containing the relics which read: "I, Grigoris, brought these Saints, Zacharias, father of John, and the venerable Pantaleon, who was martyred in the city of Nicomedia. And then I myself died." They removed the Saints' relics, washed and anointed them with holy oil. Xochkorik sealed them with his own ring, then rode off on his horse to take the message to the pious king Vach'agan, informing him of the discovery of these great relics.

The pious king was overjoyed and rejoiced and stood in prayer for the graciousness of God, giving thanks for this great blessing bestowed upon him.

Then he assembled bishops, monks, and hermits, and conducted a grand memorial service for the Saints. Alms were generously given to the poor. He dressed the bishops and priests in honorable vestments and sent Manase', his very devoted court priest, with other officials to quickly bring the holy relics of the most blessed martyrs. When they had arrived, the king, the queen, and numerous officials went on foot to meet them. They were accompanied by the Cross, incense, many flowers, and a countless multitude of people. The king blessed and glorified Jesus Christ the true God through these virtuous and holy martyrs.

Եւ այնուհետեւ զանազան թագաւորական զգեստուք յարմարեալ զսպասս Սրբոցն՝ կազմէր ոսկւով եւ արծաթով եւ ականմբք պատուականաւք: Եւ հրամայէր առնել խորան փայտեղէն ծալածոյ եւ շիկակարմիր կազմել մորթով եւ սպիտակ կտաւովք եւ ի ներքոյ դրուագել զհանգստարան սրբոցն եւ զբոլոր կտակարանաց կայեանս: Եւ Շուշանիկ աշխարհատիկինն Աղուանից յոյժ հաւատացեալ եւ բարեսէր կինն զիւր մեծագոյն խորանն հրամայեաց ի շիկակարմիր խորանի Սրբոցն ի վերայ հարկանել եկեղեցաբար, յորում պաշտաւնեայքն եւ թագաւորն եւ յոլով ի ժողովրդեան կային ի ներքս, որ ի ջերմին հով ունէր ի սուրբ խորանին, եւ յանձրեւաբեր խոնաւէն ցամաք պահէր: Եւ բէժ կտաւով զմեծ խորանաւն շուրջ որմած փակաբար պատեալ, յորում բանակն արքունի ի ներքս մտանէր ի ժամ պաշտամանն առաջի ամենասուրբ խաչին եւ երջանիկ վրկայիցն Քրիստոսի երկրպագութեամբ մաղթել զԱստուած եւ ունկն դնել Աստուածաշունչ գրոց:

Եւ քանզի միշտ ընդ իւր առեալ կրէր զնշխարս երանելեացն, հրամայէր դեսպակ առնել յանուն սրբոցն եւ նոյնպէս շիկակարմիր մորթովք կազմեալ եւ սպիտակազգեստ պատուական կտաւով ի վերայ յարմարեալ, եւ խաչ ոսկեղէն ի պատուականագոյն կազմեալ ականց եւ զանուն թագաւորին ոսկեգործ քանդակով ի վերայ գրեալ, զոր ի վերայ դեսպակին հարեալ կանգնէին, եւ գունակ գունակ կերպասուց յարքունական թագէն խաչին նշանք փողփողեալ շողային, եւ յարքունի ասպաստանէ ձիս սպիտակս ընտրեալս, որ իւր յոյժ սիրելի եւ պատուականք երեւէին, եւ զագիս ձիոցն կարմիր ներկուածով տայր յարմարել, եւ պաշտակս յայտ արարեալ սրբոցն դեսպակի եւ ձիոցն սպաս ունել:

After this the king adorned the reliquary of the Saints with diverse royal garments, gold, silver, precious stones, and ordered that a folding wooden altar be constructed and covered in red leather. [He also ordered that] white linen be prepared to embellish the inside of the resting place of the Saints and all the Gospels. Shushanik, queen of the Aghuans, a pious and benevolent woman, ordered that her great pavilion be erected over the red altar of the Saints to form a church into which the officials and the king and many people might enter and be sheltered from the heat and kept dry in case of rain. A linen screen was erected around the pavilion to form an enclosure which the king's retinue might enter at the time of the service and worship and pray to God and hear the holy scriptures before the Holy Cross and the blessed martyrs in Christ.

Since the king always took these relics around with him when he traveled, he ordered litters to be made in their name and to be decorated again with red leather and precious white linen and a cross of gold set with precious gems and the king's name carved in gold and attached to the litter. There were crosses embroidered with multi-hued silks which glittered from the royal crown. Choice white horses from the royal stables which the king was fond of and treasured had their tails dyed red [for this occasion].

Եւ մի եւս ինչ ունել դեսպակին, բայց միայն զսուրբսն եւ զաւետարանն հանդերձ այլ եւս Աստուածաշունչ գրովք: Եւ սայլ եւս հրամայէր կազմել սպիտակ եզամբք լծելովք, որ զխորան սրբոցն բառնայցէ, եւ՛ երիցունս բազումս, եւ՛ սարկաւագունս, եւ՛ գրակարդացս, եւ՛ փսաղտս պահէր յարքունի դրանն, որք միշտ ի տուէ եւ ի գիշերի պաշտեայ՝ սպաս ունէին սրբոցն: Եւ յորժամ չու լինէր բանակին, յառաջ սրբոցն դեսպակ ելանէր առաջի՝ սպիտակազգեաց կրտաւով ծածկեալ եւ ոսկի խաչ ի վերայ դեսպակին՝ թագաւորական թագով, գունակ գունակ կերպասուցն փողփողելով, սպիտակ ձիովք, կարմրազգեացն ընդելուզեալ կերպասուք. եւ զպուրս թագաւորական ձիոցն կազմեալ թագաւ եւ բազմութիւն պաշտաւնէիցն առաջի եւ զկնի դեսպակին՝ խաչ ի ձեռս, սաղմոսանուագ երգովք միաբան փառաւորէին զերրորդութեան միաբուն զաւրութիւնն:

Եւ ապա դեսպակ աշխարհատիկնոջն եւ Տիկնունի գունդն զհետ նորա: Եւ յորժամ բանակել կամէին, յառաջ սրբոցն հարկանէր շիկակարմիր խորանն եւ խաչ ոսկի ի վերայ. եւ ապա սպիտակ մեծ խորանն ի վերայ նորա, յոր եկեալ Սուրբքն մեծաւ զգուշութեամբ, անուշագոյն խնկովքն ծխեցելովք եւ քաղցրաձայն սաղմոսանուագ երգովք ի հանգստարանն մտանէին: Եւ ապա զարքունական խորանն եւ այլ եւս զանազան սպասս արքունեացն հարեալ կազմէին:

Եւ ինքն թագաւորն հանդերձ թագուհեաւն եւ բոլոր բանակաւքն կանխէր զցայգ եւ զցերեկ յաղաւթս Աստուծոյ եւ ի փառաբանութիւն սրբոցն: Եւ զի մանուկ չէր աստուածասէր եւ բարեպաշտ թագաւորին Վաչագանի, փանականաց ուխտադրութեամբ աղաչէր զԱստուած ի ձեռն սրբոցն, զի շնորհեսցէ նմա զաւակ.

Officers were designated to attend to the litter of the Saints and the horses. Apart from the Saints, the Gospel, and other Scriptural writings, nothing else was permitted in the litter. White oxen were yoked to the vehicle which carried the altar of the Saints. [King Vach'agan] appointed many of the court priests, deacons, readers, and psalmists to revere and tend to the Saints day and night. When the camp started to move, the litter with the Saints was at the front. It was covered with white linen and surmounted with a gold cross and a royal crown woven in multi-hued silks. [It was accompanied by] royal white horses decorated in red silk and with regal crowns on their heads. There was a multitude of servitors in front and behind, crosses in hand, singing psalms and hymns in unison praising the power of the Holy Trinity.

This procession was followed by the palanquin of the queen, which was followed by the queen's entourage. Now when they wanted to encamp, first they erected the red altar with the gold cross on top, which was for the Saints. A large white tent was placed over this. With great care and accompanied by fragrant incense, they then brought in the Saints to rest there. Next the royal tent and other arrangements for the king were seen to.

Then the king himself together with the queen and the entire army performed morning and evening prayers glorifying the Saints. Now it happened that this God-loving and pious king lacked a male heir. Making a vow before the monks, [King Vach'agan] beseeched God through the intercession of the Saints to grant him a son.

Եւ մարդասէրն Աստուած՝ այս է մատակարար բարեաց, յուեալ աղաւթից նորա՝ շնորհէր նմա զաւակ արու: Եւ խնդութեամբ ընկալաւ զպարգեւսն ի յԱստուծոյ ի ձեռն սրբոց վկայիցն: Եւ դնէր անուն մանկանն Պանդալիոն յանուն պատերազմող նահատակին Քրիստոսի Պանդալիոնի եւ հրամայէր սնուցանել զմանուկն ընդ երկիւղն Աստուծոյ եւ միշտ առաջի ամենասուրբ վկայիցն Քրիստոսի՝ երկրպագութեամբ կանխեալ:

Եւ յորժամ յընթրիս լինէր, բարեսէր թագաւորին թակոյկ մի մեծ արծաթի յարքունի սպասէն լցեալ արքայի ըմպելի գինի եւ երկուս արծաթի մեծագոյն սեղանս լցեալ արքունական հացիւ՝ հանապազ առաջի արքունական սեղանոյն դնել հրամայէր: Եւ սարկաւագ մի յոտն կացեալ առ արքունական սեղանոյն, եւ որ ինչ ի սեղանն գայր, յամենայն խորտկացն առեալ՝ ի վերայ սեղանոյն դնէր. եւ իբրեւ զրաւ լինէր սեղանոյն արքունի ընթրեաց, յայնժամ առեալ սարկաւագին՝ մատակարարէր աղքատաց: Եւ յամենայն կիւրակէի, յորժամ զաստուածեղէն խորհուրդն հանդերձեալ էին կատարել եւ կենարար աւետարանական բանքն ընթերցեալ լինէին առաջի յոլովագոյն ժողովրդոցն, ոչ ունէին հրաման դատարկաձեռն լինել, եւ ոչ ինքն թագաւորն ունայնաձեռն երթայր յողջոյն աւետարանին: Եւ արդարեւ միշտ բեւեռեալ էր ընդ երկիւղիւն Քրիստոսի եւ ջերմախանդ սիրով փութայր հանապազ ի պահս եւ յաղաւթս՝ հանդերձ թագուհեաւն եւ ամենայն դրամբն, եւ անձանձրոյթ կատարէր զլիշատակ սրբոցն՝ յորդորելով զամենեսեան ի հաւատսն Քրիստոսի. եւ խրախացեալ միշտ յաւրանայր հանդերձեալ յուսովն Քրիստոսի, անանցական բարութեամբ յանանց յաւիտեանս:

And benevolent God, the giver of good things heard his prayers and bestowed a son on him. With joy did he receive this gift from God, delivered to him by the agency of the blessed martyrs. [Vach'agan] named the boy Pantaleon and commanded that he be raised with a fear of God and always be zealous in worshiping the holy martyrs of Christ.

When the benevolent king sat down to supper, he ordered that a jug from the royal vessels be filled so that he might drink wine, and that two large silver tables bearing the royal bread always be placed across from his table. A deacon stood at the foot of the royal table to take portions of whatever dishes were put there and to put them on the other tables. When the royal meal had ended the deacon took these foods and distributed them to the poor. Every Sunday when they performed the divine mass and the life-giving words [of Scripture] were read aloud before the entire assembly the king did not go empty-handed before the Gospel. Indeed, he was ever focused on his fear of Christ and enthusiastically participated in fasts and prayers together with the queen and all the court and untiringly commemorated the Saints urging all to belief in Christ. Constantly rejoicing, he grew ever stronger in the hope of Christ and in His eternal goodness.

Գիւտ նշխարաց սուրբ մանկանն Գրիգորիսի՝ որ վկայեաց առաջի Սանեսանայ՝ արքային Մասքթաց:

Յոյժ ցանկալի տենչանս ունէր բարեպաշտն Վաչագան՝ արքայն Աղուանից, առ ի գիւտ նշխարաց սրբոյ մանկանն Գրիգորիսի քանզի տեղեկացեալ էր ի հնադարացն պատմութեան եթէ ի Վատնեան դաշտին յեզր ծովուն մեծի առեալ էր զնահատակութիւն Սուրբն Գրիգորիսի: Եւ բարձեալ աշակերտաց նորին՝ բերին յԱմարաս գիւղ եւ եդին առ եկեղեցւոյն, զոր հիմնարկեալ էր մեծին Գրիգորի: Եւ ոչ նըշան ինչ արարեալ ի տեղւոջն՝ երկուցեալ այլ ուրուք բառնալոյ զնշխարս երանելւոյն եւ կամ թէ յերկիւղէն հինին ճեպելոյ, եւ կամ թէ ի յոլովութենէ ամաց բազմանալոյ ի մոռացումն զընկեցեալ եղանէր տեղին նշխարաց սրբոյն: Խորհուրդ կալեալ թագաւորին ընդ իւրոյ դրան երիցունան խորհել պատճառս ինչ, որով կարասցէ գտանել զցանկալին յոյժ բարի անձինն: Եւ կոչեցեալ զվանաց երէցն գեղջն հարցանէր, եթէ նշան ինչ ուրեք է՞ առ եկեղեցեաւն ի գերեզմանին վերայ, թէ ոչ. եւ նա ասէ. «Բազում գերեզմանք են արդ շուրջ զեկեղեցեաւն. վասն զի ի հինախաղաց ժամանակէն եւ ի մեծազոյն հիմնարկութենէ եկեղեցւոյն ոչ ոք կարաց շինել, զոր մեծին Գրիգորի հիմնարկեալ էր»: Եւ ասէ թագաւորն, թէ զհող տեղւոյն ի բաց հրամայեմ պեղել, եւ եղեալ ի միտս իւր ասէ. «Գուցէ ի բազմութենէ գերեզմանացն ոչ կարեմք կալ ի վերայ ամենասուրբ գերեզմանի երանելւոյն, այլ ապաստան պարտ է լինել ի պահս եւ յաղօթս, եւ բազում աղաչանաւք խնդրել յամենողորմէն Աստուծոյ՝ յիշեցեալ զտէրունեան զբանն, որ ասէ. «զբարի հայցումն վաղվաղակի առնուլ յառատատուրն Աստուծոյ»:

THE DISCOVERY OF THE RELICS OF THE BLESSED YOUTH GRIGORIS, WHO HAD BEEN MARTYRED IN THE PRESENCE OF KING SANE'SAN OF THE MASGUT'K'.

Vach'agan, the pious king of the Aghuans, greatly longed to uncover the relics of the lad Saint Grigoris since he had been informed from the events in history that the venerable Grigoris had been martyred in the Vatnean plain by the shore of the great sea, and that some of his students had brought [his body] and placed it in the church which the great Gregory [the Illuminator] had built in the village of Amaras. There was no marking on that spot either because they feared that someone might take the relics of the venerable Saint, or from fear of bandits or because the exact location had been forgotten after the passage of so much time. The king consulted with his court priests about how to discover the remains of such a desirable and goodly figure. Summoning the abbot of the village he asked whether or not there were any indications [of where the grave might be located] in the church cemetery. [The abbot] replied that "there were now many graves in the vicinity of the church and that since the period of the [Iranian] raids and the main foundation of the church, no one had been able to build upon that which the great Gregory had founded." The king proclaimed: "I command that the ground be excavated so that perhaps in the midst of so many graves we shall come upon the grave of the most holy venerable one. We must now place our trust in fasting and prayers and many pleas to All-merciful God, remembering the word of the Lord that a good request is quickly accepted by our generous God."

Թուղթ արքային Վաչագանայ առ ամենայն եպիսկոպոսունս եւ քահանայս առ ի շնորհել նմա ի ձեռն աղաւթից եւ պաղատանաց նոցա զծածկեալ գանձն:

Յայնժամ հրամայէր թագաւորն հրովարտակս առնել ընդ ամենայն աշխարհս տէրութեան իւրոյ աւրինակ զայս: Առ եպիսկոպոսս եւ երիցունս, եւ սարկաւագունս, եւ անապատականս, եւ առ ամենայն ուխտս եկեղեցւոյ՝ ողջոյն. յուշ լիցի ամենեցուն ձեզ անյապաղ պաշտել եւ պահել եւ առնել խնդրուածս առ մարդասէրն Աստուած առի շնորհել մեզ զնշխարս երանելւոյն Գրիգորիսի. ողջ լերուք: Եւ ապա զայսպիսի հրաման արքային ընկալեալ այնուհետեւ ամենայն եպիսկոպոսք զիւրաքանչիւր իշխանութեան զերիցունս եւ զսարկաւագունս եւ զբոլոր ուխտ եկեղեցւոյ հանդերձ տէրունեան նշանաւ խաչին առեալ միաբանութեամբ եւ յոյժ փութով ժողովեցան ի սեպհական գիւղն արքունի՝ անուանեալն Դիւտական: Եւ որ սպուժեալ յամեսցի ոք, մեծ պատուհասի վերայ հրամայէր դնել: Եւ անդ զերիս աւուրս մեծապէս կատարեցին զյիշատակ Սրբոցն, յորում ինքեան իսկ թագաւորին սովորութիւն էր յոտն կալ եւ պաշտել՝ զբոլոր ուխտն եկեղեցւոյն անդր ժողովեալ: Գտանէր եւ զամենասուրբ նշխարս Գրիգորի եւ յոյժ հռչակելոյն Հռիփսիմեայ եւ Գայիանեայ ի Դարահոջ գիւղն, որ է ի նահանգին Արցախայ, զոր էր բերեալ երիցուն Մատթէ անուն կոչեցեալ ի Յոհաննէ Մանդակունւոյ՝ Հայոց կաթողիկոսէն, զոր ունէր նորին մատանեաւն կնքեալ եւ առաքեալ անդ երիցունս առնոյր առ իւր:

KING VACH'AGAN'S LETTER TO ALL THE BISHOPS AND PRIESTS ASKING THAT, THROUGH THEIR PRAYERS, THE HIDDEN TREASURE MIGHT BE REVEALED TO HIM.

The king then ordered that a letter like this be sent throughout the lands under his sway: "To all the clergy—the bishops, priests, and monks—greetings. I ask you to worship and fast and to beseech humane God that the relics of the venerable Grigoris be bestowed upon us. Be well." At this, all the bishops assembled the priests, deacons, and clergy under their jurisdictions and carrying the Lord's Cross, they quickly and unitedly gathered at the king's own personal village called Diwtakan. Great punishment was stipulated for those who delayed. [At Diwtakan] they greatly celebrated the memory of the Saints for three days. Now the king had a custom of standing and paying homage to the entire clergy which had assembled there. He had located the most holy relics of Gregory and the most celebrated Hr'ip'sime' and Gayane' at Darahoj village in the state of Artsakh which a priest named Matt'e' had brought from the Armenian Catholicos Yovanne's Mandakuni,[11] and which [reliquaries] had been sealed by his ring. [King Vach'agan] sent for these relics and had them brought to him.

---

11   *Catholicos Yovanne's Mandakuni* (A.D. 478-490).

Եւ ի գալ մեծին Գրիգորի հանդերձ պատերազմակից պսակելովքն Հռիփսիմեաւ եւ Գայիանեաւ ի մեծ ժողովն Դիւտականու, ընդառաջ ելանէր թագաւորն հանդերձ թագուհեաւն եւ ամենայն մեծամեծ նախարարաւքն հեռագոյն ի գեղջէն, ընդ առաջ ելանէին ամենայն եպիսկոպոսունքն իւրաքանչիւր իշխանութեամբ եւ պաշտօնէիւք բազում դասք դասք եւ գունդք գունդք՝ յիւրաքանչիւր գնդի նշանք սրբոցն մեծապէս պատուով ընդ աւետարանին պատեալք բազմութիւնք խաչիցն եւ զանազան նշանացն փողփողելով ծուխ խնկելոցն ուժգին բուրեալ յիւրաքանչիւր դասուէն, ձայնք սաղմոսանուագ հոգեւոր երգոցն քաղցրագոյն հնչմամբ անհատ բարեբանելով զԱստուած՝ զտուողն մեծագոյն պարգեւին:

Եւ այնպէս թագաւորն մեծագոյն բերկրանաւք ողջունեալ սրբոցն հանդերձ բազմութեամբն, ինքն մեծաւ զգուշութեամբ սպասաւորէր երիցուն, որ զնշխարս սրբոցն բարձեալ տանէր: Եւ բերեալ ի հանգստարան սրբոցն դնէր առ երանելեացն Զաքարիայ եւ Պանդալիոնի: Եւ վստահացեալ այնուհետեւ բարեաէր արքայն յիւր հաստատուն հաւատոյն խնդիր եւ յառաքինի ժողովոյն բարի հայցումն, ասէ. «Հաստատուն գիտեմ, զի տայ ինձ Աստուած ի ձեռն մեծիս Գրիգորի զամենաաուրբ նշխարս սրբոյն Գրիգորիսի»: Առնոյր այնուհետեւ թագաւորն զբազմութիւն ամենասուրբ ժողովոյն եւ հրաման տայր բոլոր եպիսկոպոսացն՝ եւ երիցամբք եւ սարկաւագաւք, եւ անապատաւորաւք եւ բոլոր ուխտիւ եկեղեցւոյ՝ պաշտօնէիւք իւրաքանչիւր, աւետարանաւ եւ խաչիւ յոլովութեամբ իւրաքանչիւր դասու, եւ բազմութեամբ բուրվառաց խնկոց ծխելոց զկնի ելանել:

When [the relics of] great Gregory arrived at the great assembly at Diwtakan, together with his comrades in martyrdom Hr'ip'sime' and Gayane', the king, queen, and all the grandee lords traveled a good distance out from the village to meet them. In front went the bishops with their entire retinues of clerics and servitors, group by group, brigade by brigade. Each brigade bore aloft the venerable relics of the Saints together with the Gospel and numerous crosses and various banners. The smoke of fragrant incense rose thickly from the celebrants and was accompanied by the sweet sound of psalms and spiritual songs continually praising God, bestower of the greatest gift of all.

Thus did the king with the greatest joy greet the Saints along with the crowd. The king himself solicitously attended the priest who carried the relics. Bringing them to the resting place of the Saints, he placed them with [the remains of the] venerable Zacharias and Pantaleon. Then the benevolent king trusted in the firm faith and virtuousness of the people and declared: "Now I am certain that through the intercession of the great Gregory, God will grant me the most holy relics of [Gregory's grandson] the blessed Grigoris." The king then took the multitude of the most blessed assembly and ordered all the bishops with the priests, deacons, hermits, and the entire clergy of the Church with their own servitors, each rank carrying Gospels and many crosses and incense censers.

Եւ ինքն արքունի դրան երիցամբք եւ յոլովագոյն պաշտօնէիւք: Եւ զաշխարհատիկինն թէպէտ եւ կամեցաւ անդէն թողուլ, քանզի ժամանակն գարնանային էր եւ յոլովութիւն անձրեւացն բերման սաստկանայր յերկիր, ոչ հաւանէր առնուլ յանձն. այլ մեծաւ փափագանաւք տենչացեալ, եւ ինքն երթայր ի խնդիր սրբոցն: Եւ զհինգեսեան զամենասուրբ վըկայսն Քրիստոսի՝ զմեծն Գրիգորիոս եւ զերանելին Զաքարիա եւ զամենասուրբն Պանդալիոն, զյոյժ հռչակաւորս, զպատերազմայաղթս զՀռիփսիմէ եւ զԳայիանէ, առեալ ի բարեխաւսութիւն մեծին եւ բոլորեցուն Աստուծոյ առ ի շնորհելոյ ի ձեռն նոցա զինքեան փափագելին:

Եւ զանազան թագաւորական հանդերձիւք պատեալ զնշխարս սրբոցն բազում խնկովք եւ զանազան անուշահոտ ծաղկաւք հանդերձ՝ դնէր ի դեսպակի սրբոցն, զոր շիկակարմիր մորթով կազմեալ եւ սպիտակ կտաւով ի վերայ յարմարեալ եւ ոսկի խաչ ի պատուականագոյն ականց քանդակեալ, ի վերայ դեսպակին հարեալ, եւ ձիս սպիտակս կարմիր ներկուածով զագիսն կազմեալ, եւ զպուրս, եւ զագիսն թագաւորական ձիոցն թագիւ պերճացուցեալ, եւ բազմաթիւ պաշտաւնէից արքունի դրանն առաջնոյ եւ վերջնոյ դեսպակին, խաչ ի ձեռն անհատ քաղցրաբարբառ պաշտամամբք զցայգ եւ զցերեկ անդադար բարեբանէին զԱստուած: Եւ ինքն թագաւորն առ դեսպակովն երթայր եւ երգակից էր սաղմոսաց աւրհնութեան: Եւ դասք եպիսկոպոսաց իւրաքանչիւր հանդերձ մեծագոյն ժողովովն երթային ի չորեցունց կողմանց դեսպակի սրբոցն սաղմոսելով եւ բարեբանելով զմիածինն Աստուած՝ խնդրելով զամենեցուն ցանկալին՝ զսուրբ նշխարս Սրբոյն Գրիգորիսի:

The king walked with the priests of the royal court and many servants. Now it was springtime and rain was pouring down on them. The king, therefore, wanted to leave the queen behind. However, she would not consent to this and she too, with a zealous desire, went to look for the Saints. They took along with them the five holy martyrs of Christ, that is, the great Gregory, the venerable Zacharias, the most blessed Pantaleon, and the most renowned and victorious combatants Hr'ip'sime' and Gayane' to intercede with great and all-powerful God so that through them his request would be fulfilled.

The relics of the Saints, wrapped in various royal garments and accompanied by much incense and diverse fragrant flowers, were placed in the litter of the Saints which was covered with red leather decorated with white linen over it. A gold cross adorned with precious stones was attached to the top of the litter. There were white horses with their tails dyed red and royal horses wearing crowns. The multitude of the servants of the royal court went before and behind this litter carrying crosses and worshiping and praising God with sweet-voices day and night without stop. The king himself walked alongside the litter singing along with the psalms of blessing. The ranks of the bishops, each one accompanied by a large crowd of people, walked at the four corners of the Saints' litter singing psalms and praising the Only-Begotten God and requesting what they all desired, the blessed relics of Saint Grigoris.

Եւ հրաման տուեալ թագաւորին Վաչագանայ՝ համ-դերձ եպիսկոպոսաւքն ոչ ինչ ճաշակել ումեք մինչեւ ցերե-կոյ եւ յերեկոյին լոկ սակաւ հացիւ զաւրանալ: Եւ ինքն թա-գաւորն զնոյն առնէր մինչեւ ի գիւտ սրբոցն: Իսկ դրան ե-րիցունքն արքունի յոյժ ջերմագոյն պահէին եւ խնդրէին ի բարերարէն Աստուծոյ. եւ ոմանք ոչ ճաշակեցին մինչեւ ի գիւտ սրբոց նշխարացն:

Եւ ի տուէ եւ ի գիշերի ամենայն ժողովելոցն անդա-դար լինէին աղաւթք եւ խնդրուածք ուժգին գոչմամբք՝ հայ-ցել զամենեցուն զցանկալին՝ զԳրիգորիս: Եւ յորժամ խոր-հուրդ արար բարեպաշտ արքայն Վաչագան, եւ ժամանակ յոյժ արարեալ խնդրելոյ զնշխարս երանելույն Գրիգորիսի:

Ընդ աւուրսն ընդ այնոսիկ առաքեաց արքայ զՄատ-թէ երէցն Դարահոջու՝ համդերձ համդերձ պաշտաւնէիւք ի Սուհառ՝ պաշտաւն առնել եւ պատարագս մատուցանել յա-նուն սրբոցն, որ անդն յայտնեցան: Եւ մինչ դեռ զառաւաւ-տին կատարէին զպաշտաւն յոտնկալեաց, նիրհ անկանէր երիցուն Մատթէի. ձայն լսէր ուժգին ասելով. «Զսուրբ Գրի-գորիս խնդրէ՞ք. ընդ արեւելս է», որ եւ եղեւն: Իսկ յորժամ բրէին զտեղի գերեզմանին՝ սխալեալ ի հիւսիսակողմն ա-րարին զբրածն. եւ իբրեւ ոչ պատահեաց, յոյժ տրտմութիւն կալաւ զամենեսեան: Եւ ապա ողորմութեամբն Աստուծոյ յարեւելս կոյս արարեալ զբրածն՝ գտին զամենասուրբ նշ-խարս երանելույն ըստ եկեալ ձայնի հնչմանն:

King Vach'agan together with the bishops ordered that no one should eat anything until evening, and then that they should only fortify themselves with a small amount of bread. The king himself followed this regime until the discovery of the Saints. The royal court priests fasted very zealously and beseeched benevolent God. Indeed, there were some who did not eat anything until the remains of the Saints were discovered.

Day and night the entire assembly prayed without cease and fervently and loudly called upon God seeking Grigoris whom they all desired. Then the pious King Vach'agan convened a meeting and for an extended time they prayed for the relics of the venerable Grigoris.

During these days the king sent the priest of Darahoj, Matt'e', with some servitors to Suhar' to hold a service and celebrate mass in the name of the Saints who had been discovered there. Now while they were performing the morning service the priest Matt'e' fell asleep. He heard a loud voice that said: "Look for Saint Grigoris to the east [of the church]." This indeed turned out to be true. First, however, they mistakenly began digging in the cemetery to the north of the church. But subsequently they uncovered the most blessed relics of the venerable one, just as the voice had told them.

Իսկ յորժամ չու արարեալ թագաւորն ի Դիւտականէ բազմութեամբ ժողովոյն, եպիսկոպոսաւք, եւ երիցամբք եւ ամենայն պաշտաւնէիւք յոլովութեամբ, եւ որպէս եղեւն ա-սացեալ, պահք եւ աղաւթք եւ խնդրուածք յամենայն ժողովելոցն լինէին առ մարդասէրն Աստուած: Եւ հասեալ ի գիւղ մի՝ Արաժանս անուն եւ սարկաւագ մի՝ Յովէլ անուն նորա ի դրան արքունի, տեսանէր ի տեսլեան յառաջ քան զծագել առաւաւտուն, իբրեւ այն թէ՝ բահ՝ ունիցի յուսն եւ զնշխարս երանելւոյն Գրիգորիսի խնդրիցէ: Եւ ինքն իսկ Գրիգորիս երեւեցաւ սպիտակ հանդերձիւ յաքեղայի կերպարանս:

Եւ հարցեալ ցսարկաւագն, թէ «Զի՞նչ խնդրես».

Իսկ նորա պատասխանի արարեալ՝ «Եթէ արքայ եւ ամենայն պաշտաւնեայք եւ բովանդակ գունդն Աղուանից զԳրիգորիս խնդրեմք եւ ոչ կարացաք գտանել»:

Իսկ երանելւոյն կալեալ զձեռանէ սարկաւագին եւ խոնարհեցուցեալ ի տեղին, ուր կային նշխարք սրբոյն. «Եթէ զԳրիգորիս խնդրէք, աստ է», ասէր. Եւ հրամայէր բրել զտեղին: Մաւտ ի գերեզման անդր փոքր բլրիկ մի էր եւ խաչ ի վերայ: Եւ երթեալ երանելւոյն ի վերայ բլրոյն՝ առ ընթեր խաչին կացեալ. եւ երէց մի Նաթան անուն՝ եղբայր նորուն սարկաւագին, եւ միւս եւս երէց Գեդեւուն անուն բըրէին զտեղին. եւ Յովէլ ի ծունգս իջեալ՝ շալակ ունէր առաջի: Եւ գտեալ զնշխարս սրբոյն՝ գնային խնդալով:

Եւ նորա ձայնեալ անդրէն ասէր. «Կողքս եւ զոտկունքս աստ են, ի ձեզ առէք»:

Եւ մեք գտանէաք, զոր ասացն: Եւ զարթուցեալ պատմէր զտեսիլն արքայի: Եւ զի չէր բնաւ երթեալ սարկաւագին յԱմարաս, ասէր՝ «Զտեղին, զոր եցոյց, գիտեմ»:

At this point the king came from Diwtakan with a large number of the assembly, the bishops, priests, the servitors, with the entire congregation fasting, praying, and beseeching benevolent God, as we have described. They reached the village named Arazhank'. It was here that a deacon of the royal court by the name of Yove'l had a vision before dawn in which he saw himself with a spade on his shoulder searching for the remains of the blessed Grigoris. And then Grigoris himself appeared to the man as a monk wearing a white garment.

[Grigoris] asked the deacon: "What are you looking for?"

[Yove'l] replied: "[All of us], the king and all the servitors with the entire brigade of the Aghuans are looking for [the grave of] Grigoris, but we cannot find it."

The venerable one took the deacon by the hand and bowed toward the spot where the Saint's remains were buried. He said: "If you are looking for Grigoris, he is there." And he ordered him to dig in that place in the cemetery where there was a small hill surmounted by a cross. The venerable one went onto the hill and stood by the cross. A priest by the name of Nat'an, who was the deacon's brother, and another priest named Gideon began to dig there. Yove'l, who was on his knees, had a sack in front of him. They had found the relics and were departing in great joy.

But just then [Grigoris] called after them: "My ribs and feet are still here. Take them too."

And we found [the parts] he mentioned. Waking up, [Yove'l] related his vision to the king. Even though the deacon had never been to Amaras, he said: "I will know the spot he showed me."

Եւ արքայ յոյժ խնդալից եղեալ՝ զՄանաւէ՝ զիւր դրան երէցն եւ զնոյն սարկաւագն առաքէր յԱմարաս յառաջ քան զիւր երթալն. եւ երթեալ ցուցանէր զնոյն տեղին, որ ի նմին իսկ տեղւոջն գտանէին զնշխարս սրբոյն: Եւ չուեալ յԱրաժանից Սրբոյն Զաքարիայի եւ երանելւոյն Պանդալիոնի եւ յոյժ վայելչականին Գրիգորի եւ առաւել հռչակելեացն պատերազմողին Հռիփսիմեայ Գայիանէի հանդերձ, թագաւորաւն եւ յոլովագոյն ժողովով եւ եպիսկոպոսաւքն եւ քահանայիւք եւ պաշտաւնէիւք: Եւ հասեալ ի Քարուէճ փոքրագոյն գիւղ մի. եւ լինէր անդ ցայգապաշտաւն: Եւ դարձեալ ցուցանէր նոյն Յովէլայ սարկաւագի ի նմին տեղւոջ արս չորս աւագագոյնս աբեղայս, եւ զնոյն Գրիգորէս մանկագոյն եւս քանզ նոսա եւ յոյժ ահաւորագոյնս տեսլեամբ շուրջ կացեալ զնոյն տեղեաւքն գոբաղայիւք, զոր բրել հրամայեաց: Եւ յահէ անտի ի բերանս անկեալ սարկաւագին, եւ անդէն ի վեր յարուցեալ կամէր հարցանել ինչ, եւ նոքա աներեւոյթ լինէին ի նմանէն: Եւ յորժամ սկիզբն լինէր ցայգապաշտամանն ի նմին աւուր, եւ բարեպաշտ արքայն անդադար խնդրէր յԱստուծոյ զգիւտ Սրբոյն Գրիգորիսի եւ տեառնագրեալ զինքն տէրունեան խաչի նշանաւն՝ յոյժ բազում աղաչանաւք՝ ծածուկ սրտիւ հայցէր զառատատուրն Աստուած:

At this, the king was overjoyed. He sent Manase', his court priest, together with the same deacon [Yove'l] to Amaras in advance of his own journey there. When they arrived there, the deacon pointed out the spot where they had found the relics of the Saint. Then [the royal entourage, including] the relics of Saint Zacharias and the venerable Pantaleon, blessed Gregory, the renowned warriors Hr'ip'sime' and Gayane', the king himself, the great assemblage with the bishops, priests, and servitors set out from Arazhank' and arrived at the tiny village of K'arue'ch. A morning service was celebrated there. Here too that same deacon Yove'l had another vision in which four older monks and Grigoris who was the youngest stood around that very place where he had been commanded to dig. In awe the deacon fell on his face, but when he arose and wanted to question [the apparitions], they disappeared. The morning service began that day and the pious king ceaselessly prayed to God for the discovery of the blessed Grigoris, crossing himself with the Lord's sign, and from the innermost depths of his heart greatly beseeching generous God.

Տեսիլ երանելւոյն Վաչագանայ:

Եւ մինչեւ նստեալ՝ ի գիշերապաշտամանն էր, նիրհ առնոյր փոքրկագոյն զթագաւորն. եւ եկեալ հնչիւն ձայնի ասէր. «Զոր դու հայցես աղաչանաւք անդ երեւեցաւ»: Եւ գիտացեալ ի տեսլեանն, որպէս պատմեացն, թէ ես յԱմարաս երթամ. եւ որ անդ, ասէ, երեւելոց ումեք իցէ անդ մարդոյ: Եւ անդէն վաղվաղակի զՄանասէ՝ զիւր դրան երէցն յառաջ քան զիւր երթալն յԱմարաս յղեաց. եւ ասէ. «Զիմ տեսիլդ մի՛ ումեք յայտնել». եւ եհարց եթէ յայտնեա՞լ ինչ ումեք իցէ: Եւ Յովէլ երէց մի անապատական, որ առ արքային լինէր, պատմեաց, եթէ ես տեսի ի նմին տեղւոջ, ուր Յովէլ սարկաւագի բրել հրամայեաց, աղբիւր ելանէր յականէն նրբագոյն եւ յառաջ խաղացեալ յոյժ յորդագոյն: Եւ իմ զարմացեալ՝ եթէ յառաջ չէր աղբիւր ի տեղւոջս, արդ այս յորդ ուստի՞ ելանէ: Յորժամ չուեալ ի Քարուհճէ՝ կանայք յառաջ ելանէին ի գիւղաքաղաքէն Ամարասայ: Եւ, որպէս եղեւն ասացեալ, ժամանակն գարնանային էր, եւ յորդութիւն անձրեւաց անդադար հոսմամբք իջանէր յերկիր. եւ բազմութիւն սմբակակոխ ձիոցն, յոյժ վարակոխ գործէր զճանապարհն: Իսկ թագաւորն ասէ. «Ոչ ինչ դանդաղել». Առ ի յոյժ ցանկալի տենչանացն ի վայր յերիվարէն իջանէր եւ շրջեալ ընդ դաս դաս եպիսկոպոսացն եւ երիցանց՝ կարգել եւ յարմարագոյնս երթալ՝ հանդարտիկ եւ յորդագոյն քաղցր ձայնիւ, սաղմոսանուագ երգովք բարեբանեալ զկենարար երրորդութիւնն: Եւ ինքն անցեալ մեծաւ զգուշութեամբ ապաաւորէր դեսպակի երանելեաց վկայիցն Քրիստոսի. եւ ի բազմութենէ ձայնիցն պաշտամանց յայլ եւ այլ լեզուս մեծագոյն հնչէր երկիրն. եւ ի յոլովութենէ տէրունեան խաչաձեւ նշանացն եւ ի փողփողելոյ նշանարձակ գունակ գունակ երանգախառն կերպարանաց, եւ փայլմունք ոսկւոյ եւ արծաթոյ եւ պատուական ականց, որ ի բազմութիւն խաչերոյն էին կառուցեալ, իբրեւ զլուսաւոր ամպ ծածկեալ ունէին զերկիր:

THE VISION OF THE VENERABLE VACH'AGAN.

While seated at evening service, the king took a little nap. Then a voice said to him: "That which you are pleading for is here revealed to you." In this vision he heard the voice say: "I shall go to Amaras and appear to a certain man there." It was then that he sent his court priest Manase' to go to Amaras ahead of him. [The king] said to him: "Do not reveal my vision to anyone." He also asked if anyone else had seen anything. A priest [also] named Yove'l who was a hermit and was near the king said: "In the same place where the deacon Yove'l was commanded to dig, I saw a fountain emerge from a very small stream and gush strongly. I was amazed since previously no fountain had been there. Where did it come from?" When they had set out from the village of K'arue'ch, women from the village capital of Amaras came before them. As we have mentioned, it was springtime and endless, unceasing torrents of rain poured down on the earth, and the horses' gait was difficult on the road. The king declared: "Let there be no delay." In his zeal for what he desired [the king] got down from his horse and began to circulate among the orders of bishops and priests, arranging matters and reducing the slowness, and encouraging them to praise the life-giving Trinity with sweet voices singing psalms. The king, with the greatest solicitousness, personally ministered to the litter carrying the relics of the venerable martyrs of Christ. The earth resounded with the sound of worship in a variety of tongues, as though it were covered with a luminous cloud made of crosses, with multi-colored shapes decorated with banners and flags, and precious stones set in numerous shining gold and silver crosses.

Իսկ դեսպակ Սրբոցն սպիտակազգեստ կազմածով, սպիտակ ձիով, ոսկի ականակապ խաչիւն ի վերայ կառուցեալ, յոյժ պատուական թագ խաչին նշանարձակ ի վերայ դեսպակին լեալ իբրեւ զաստղ պայծառագոյն լուսով, եւ ուժգին շքեղացեալ փառաւք երթայր ի մէջ քրիստոնեական բանակին: Եւ յորժամ ի գիւղն մտանէր սուրբ եւ աստուածասէր ժողովն, գետ փոքրագոյն անցանէր ընդ մէջ շինին եւ կամուրջ կազմեալ արքունի պողոտային: Իսկ արքայն առ ի յոյժ սիրոյն, զոր առ սուրբսն ունէր, ոչ հաւանէր զդեսպակ սրբոցն յայլ ոք թողուլ, այլ ինքն թագաւորական զգեստուք հանդերձ իջեալ անցանէր ընդ գետն: Եւ երթեալ ի նշանակեալ տեղին յերկարագոյն ծունրդրութեամբ թագաւորն հանդերձ եպիսկոպոսաւք եւ բազմութեամբ ժողովոյն առնէր խնդրուածս: Եւ հարեալ զխորանն արքունի ի վերայ տեղւոյն հրամայէր զգուշանալ մինչեւ ցվաղիւն: Եւ ընդ այն ժամանակս եպիսկոպոս ոչ կայր յԱմարաս. եւ հարցեալ արքայից վանաց երէց գեղջն եւ ցայլ եւս աւագանի՝ եթէ ձեր նշան ինչ տեսեա՞լ է ի տեղւոջն, եթէ ոչ: Պատմեցին նոքա, զոր ի Յոբայ ճգնաւորէ լուեալ էին:

The litter of the Saints, covered in white, was drawn by a white horse and bore a golden cross adorned with precious gems and the priceless crown with its banners on the cross which shone like a star, went first [in the procession] in glory and splendor in the midst of the Christian army. Now when the blessed God-loving assembly entered the village a small river was seen to flow through the settlement and a bridge had been built over it on the royal route. The king, because of his great love for the Saints, would not leave [care of] the litter to anyone else. Instead, he personally dismounted and took it with him as he crossed the river, wearing his royal garments. When they reached the designated place, the king with the bishops and the entire multitude knelt in prayer for a long time so that they would achieve what they sought. Pitching a royal tent over the spot [the king] commanded that it be guarded carefully until the morning. Now it happened that at that time there was no bishop at Amaras, so they asked the priest at the village monastery and other senior folk whether or not they had seen anything there. They related what they had heard from the hermit Job.

Երանելւոյն Յոբայ ճգնաւորի հաւատացուցանել զմեծագոյն Արցախայ գաւառն Պազկանց:

Եւ պատմեաց վանաց երէցն եւ ասէ.

«Երէց մի Վեկերտու Յոբ անուն՝ ճգնաւոր եւ յոյժ առաքինի վարուք կեցեալ յաշխարհի, որ ունէր եւ առաքելական շնորհս, քանզի եւ մեծագոյն աշխարհ մի Արցախայ՝ Պազկանք անուն, դարձուցանէր ի մոլորութենէ եւ առնէր աստուածածանաւթս անճառելի խորհրդոյ խորհրդակից Երրորդութեանն պաշտաւնատարս: Սա եկեալ կատարէր բազում անգամ զյիշատակ Սրբոյն Գրիգորիսի եւ ասէր երկիցս եւ երիցս առաջի բազմաց, եթէ թագաւոր հաւատացեալ յառնելոց է յաշխարհիս Աղուանից եւ խնդիր առնէ տեղւոյս եւ Սուրբ նշխարացս Գրիգորիսի: Եւ դարձեալ այլ ոմն անապատաւոր հիւր եկեալ մեզ, եւ մեր ընդ առաջ ելեալ ընկալաք զնա որպէս սովորութիւն է եղբարց: Եւ լուացեալ զոտս ճաշակել փոքրագոյն ինչ, եւ ելեալ ի տեղւոջդ յայդմ ի քուն մտեալ հանգչէր. Եւ յարուցեալ վաղվաղակի՝ խաչ արարեալ իւրով իսկ ձեռամբ՝ կանգնէր ի տեղւոջն. եւ մեզ պատուիրէր ասելով. «Մի՛ ոք զխաչդ ի բաց հանցէ ի տեղւոյդ, այլ մեծագոյն խաչ տուք հարկանել ի տեղիդ եւ այգուն եւ երեկուն աղաւթս կատարել եւ խունկ ծխել, զի մեծ սքանչելիս տեսանեմ ի տեղւոջն»:

Եւ այլ աբեղայ ոմն հիւր եկեալ, եւ մեք ճաշ հրամայեցաք տալ. եւ մինչ նա հաց ուտէր, եւ մանուկ մի գինի տայր բաժակաւ, եւ ի շինին ամբոխն իմն լինէր: Եւ մեր ամենեցուն զհիւրն թողեալ մեկնակ՝ յաղաղակն երթայաք. եւ հիւրոյն յարուցեալ զբաժակն առեալ գնայր. եւ տարեալ վաճառէր. եւ զգինսն առեալ ի դպրոց մտանէր եւ ուսանէր թոշակաւն:

THE VENERABLE MONK JOB CONVERTS THE VERY LARGE DISTRICT OF PARSKANK' IN ARTSAKH.

The abbot of the monastery responded:

"There was a priest in Vekert named Job, a hermit with virtuous deportment, who possessed Apostolic gifts. He converted from their error [the people residing in] a large area of Artsakh called Parskank', teaching them to know God and to worship the unknowable mystery of the Holy Trinity. He came and many times honored the memory of St. Grigoris, and told the multitude two or three times that a believing [Christian] king would arise in the land of Aghuania who would seek the site of the holy relics of Grigoris. Now it came about that on another occasion, a hermit visited us as a guest and we welcomed him as is the custom among brothers. We washed his feet, gave him a little to eat, and he went and fell asleep in that same place. Suddenly he arose, took his cross, and erected it on that spot. He commanded us, saying: 'Let no one remove this cross. Rather, put up a larger one right here, perform morning and evening prayers and burn incense before it, for I forsee great miracles associated with this place.'"

Now it so happened that yet another monk came to us as a guest. We ordered that he be served a meal. While he was eating and being served wine in a goblet by a lad, there was a disturbance in the village. We all left the guest alone and went to see what the noise was about. The guest, meanwhile, arose, took the goblet, and left. He took and sold the goblet, using the money as a stipend to enter school.

Եւ տեսանէր ի տեսլեանն բաժակագողն՝ այր մի եպիսկոպոս նստեալ աթոռով առ խաչին, զոր անապատաւորն տեսլեամբ եւ զինքն մերկ կապեալ՝ տանջել հրամայէր ի վերայ սրբոյ գերեզմանին: Եւ յարուցեալ ցուցանէր զմարմինն բազմաց, զի կապուտակացեալ էր հարուածովք ահագին տանջանացն: Եւ այնպէս աւր ըստ աւրէ հրամայէր տանջել, եւ նորա ի բռնութենէ տանջանացն ապաստանի ի Սուրբ քաղաքն Երուսաղէմ՝ խնդրելով զբոյժ տանջանացն:

Եւ տեսանէր դարձեալ անդ ի տեղւոջն զնոյն եպիսկոպոսն դժնդակագոյն եւս հարկանել հրամայէր եւ ասէր. «Չիք հնար բուժել քեզ ի տանջանացդ, եթէ ոչ երթեալ խոստովանեսցիս ի նմին տեղւոջ, ուստի զբաժակն գողացար»: Եւ յարուցեալ աբեղայն առնոյր զգինս բաժակին եւ գնացեալ յԵրուսաղէմէ՝ գայր յԱմարաս: Եւ մտեալ յեկեղեցին՝ կոչէր առ ինքն զվանաց երէցն, սկսանէր լալով խոստովանել զիրսն: Եւ բազում աղաչանաւք տուեալ զգինս բաժակին եւ եկեալ ցուցանէր զտեղին, ուր խաչն կայր: «Այդր եպիսկոպոս նստէր, ասէ, լուսաւոր զգեստու եւ ահաւոր կերպարանաւք»: Եւ զտեղին ցուցեալ զգերեզմանին, եթէ այդր հրամայէր զիս հարկանել: Եւ ընկալեալ զառողջութիւն տանջանացն՝ գնայր խաղաղութեամբ: Եւ բազումք ի գիւղս, ասեն, որ անորդիք լեալ են եւ եկեալ ուխտեալ եւ հող առեալ ի տեղւոյս՝ որդեծնութեան զաւակի հասին. եւ ամենայն ջերմոտք եւ ախտաժէտք հող առեալ՝ վաղվաղակի ընդունէին զառողջութիւն անձանց իւրեանց»: Եւ մինչ դեռ զայս ամենայն նշանագործութիւնս պատմէին առաջի արքային, լսելի լինէր նմա:

Then the thief of the goblet saw a vision in which a bishop, dressed in white and with a very frightening mien, was seated on a chair by the cross which had been erected by the hermit. The bishop stripped and bound him and ordered that he be tortured over the grave of the Saint. When he woke up, he showed many people his body which was covered with black and blue marks from that severe beating. [The bishop] ordered that he be punished in this manner day after day. Then [the thief] traveled to the blessed city of Jerusalem seeking a cure for the brutal torture.

But again, even in this place, he saw that same bishop who ordered that he be punished even more severely. [The bishop told him]: "'There will be no relief from these torments until you go to the very place whence you stole the goblet and confess." The monk arose and took with him the price of the goblet. He left Jerusalem, traveled back to Amaras, entered the church, called the abbot and, in tears, began to confess his misdeeds. Greatly beseeching [the abbot for forgiveness], he paid him the price [of the goblet]. He pointed at the place where the cross stood and said: 'That is where the bishop sat in radiant garments and with a frightful visage.' And he showed them where the grave was, saying: 'That is where he ordered me to dig.' Cured of his torments, he went on his way in peace. They say that many folk in the village who are childless come there as a place of pilgrimage, take some soil from the spot, and afterwards become parents. Similarly people with fevers who took some of the soil were cured at once." While all these miracles were being narrated to the king, there was another development.

Ի սոյն խորհուրդ տեսիլ մի եւ խոճկորիկայ՝ պոռնկորդւոյն Եսվաղենայ՝ արքային Աղուանից, որ էր կարգեալ կողմնապահ. եւ պատմէ արքայի:

Այրն այն Խոճկորիկ անուն, որում ի Ցրի երանելին Զաքարիաս եւ Սուրբն Պանդալիոն յայտնեցան, ի հասարակ աւուր ի քուն կայր եւ տեսանէր ի տեսլեան եաւթն այր յեկեղեցւոջն՝ սպիտակ, պճղնաւոր պարեգաւտիւք եւ խաւսեալ առն ընդ աբեղայսն՝ ասէ. «Աւրհնեալ արք, յորժամ դուք աստ էք, ընդէ՞ր ոչ ցուցանէք զտեղի նշխարաց Սրբոյն Գրիգորիսի. Զի ոմանք ասեն, եթէ աստ է, եւ ոմանք եթէ անդ. եւ մեք յաշխատութեան եւ ի բազում հոգս եմք»:

Պատասխանի ետուն ամենեքեան եւ ասեն. «Նշան ինչ ո՞չ տեսեր».

նորա պատասխանեալ՝ ոչ:

Եւ մի յեաւթանցն առաջնորդեալ առնն եւ ասէ. «Եկ զկնի իմ, եւ ցուցից քեզ զնշանակեալ տեղին». եւ տարեալ ի տեղին, զոր ցուցեալն էր յառաջեւ.

«Տեսանէի, զի երկիրն պատառէր եւ ընդ պատառուած ճրագ լուցեալ էր եւ երեւէր. եւ բոց ճրագին յերկուս բաժանեալ բուրէր ի վեր»:

Եւ ասէր ցաբեղայն, որ զնշանն ցուցանէր, թէ «երթամ, պատմեմ արքայի զնշանդ, զոր ցուցեր ինձ»:

Եւ նա ասէ. «Ե՛րթ եւ պատմեա՛»:

Եւ գայր այրն առ արքունիսն եւ թուէր, եթէ արքայ ի քուն իցէ, եւ ինքն չիշխէր զարթուցանել:

Եւ անդրէն դարձեալ առ այրն, ասէ. «Արքայ ի քուն էր, եւ ոչ իշխեցի զարթուցանել»:

Մինչեւ անդրէն դառնայր այրն, երկիրն նոյն պատառեալ կայր, եւ ճրագն լուցեալ, եւ աբեղայն առընթեր կայր ի տեղւոջն:

IN THE SAME ASSEMBLY XOCHKORIK, THE ILLEGITIMATE SON OF THE AGHUANIAN KING ESUAGHE'N, WHO HAD BEEN APPOINTED A GOVERNOR, NARRATES TO THE KING A VISION HE HAD.

The man named Xochkorik, to whom the venerable Zacharias and the blessed Pantaleon appeared in Ts'r'i, fell asleep at midday. In a vision he saw seven men in the church all dressed in splendid white robes. [Xochkorik] spoke with these monks, saying: "Blessed men, while you are here why not disclose to us the place where the relics of Saint Grigoris rest? Some say they are here and others there, and we are worried and unhappy over it."

They all replied: "Did you ever see a miracle?"

[Xochkorik] said that he had not.

Then one of the seven went in front of him saying: "Follow me and I shall show you the place you speak of," and led him to the aforementioned spot.

[Xochkorik] said: "I saw the earth split apart and a torch light was shining through the crack. This light divided into two parts and fragrance wafted up."

To the monk who had shown him this sign he said: "I will go now and tell the king what you have shown me."

The monk responded: "Go and tell him."

[Xochkorik] approached the court where it happened that the king was asleep and he dared not rouse him.

[Xochkorik] returned to that man and said: "The king sleeps and I do not dare rouse him."

Now the earth was still split apart as it had been and the torch light was still glowing and the monk was standing by.

Եւ ասէր աբեղայն ցայրն. «Յորժամ զարթնու արքայն, զոր տեսերդ, պատմեսջի՛ր նմա»:

Եւ կամեցաւ ոտամբն զպատառուածն ծածկել եւ զլոյսն արգելուլ: Եւ Խոճկորիկայ բուռն հարեալ արգելոյր, եթէ՝ մի՛ առներ զայդ, մինչեւ արքայն եւս տեսցէ:

Եւ նորա չառեալ եւս յանձն՝ ոտամբ հարեալ զտեղին՝ անյայտ արարեալ զպատառուածն, ասէ. «Արքայ յորժամ զարթիցէ, պատմեսջի՛ր զնշանդ, զոր տեսերդ»:

Եւ զարթուցեալ ի քնոյ՝ եկն պատմեաց զայս ամենայն արքայի: Եւ ցայգն բոլոր ամենայն բազմութիւն ժողովելոցն անդադար խնդրուածս եւ պաղատանս մատուցանէին առ Աստուած՝ տուողին ամենայն բարութեանցն: Իսկ ի վաղիւ անդր յորժամ զառաւաւտուն կատարէին զպաշտաւն՝ եկեալ միաբանութեամբ ամենեքեան ի տեղի նշանաւոր խաչին. եւ զխորանն արքունի ի վերայ տեղւոյն հարեալ. Եւ շուրջ զխորանաւն բէժ ածեալ բացագոյն, եւ արտաքոյ բեժին ամենայն ժողով եպիսկոպոսացն՝ դասք դասք իւրաքանչիւր աշակերտաւք շուրջ կացեալ զբեժովն, սարկաւագապետացն՝ խաչ ի ձեռս, եւ երիցանցն՝ աւետարանս ի գիրկս, եւ պաշտաւնէիցն՝ բուրվառ ի ձեռս զանազանութեան խունկս ծխել. եւ միաբանութեամբ բարբառելոյն, սաղմոսելոյն եւ բարեբանելոյն զանճառելի երրորդութիւնն՝ հնչէր երկիրն:

Իսկ առաքինասէր թագաւորն հոլանեալ եւ բահ ի ձեռն առեալ՝ քաջաբար առնէր զբրածն: Եւ բարեսէր եւ յոյժ հաւատացեալ թագուհին զխինձ մատուցեալ թագաւորական զգեստու՝ ի հողոյն կրէր փութապէս: Յայնժամ եպիսկոպոսունք, եւ՛ երիցունք, եւ՛ նախարարք, եւ՛ կանայք նախարարացն՝ իւրաքանչիւր զգեստուք մեծաւ փափագանաւք կրէին ի դուրս զհող. բայց սխալեալ առ կողմամբն առնէին զբրածն. իսկ երանելոյն նշխարքն յարեւելս կոյս մնայր:

The latter said: "When the king wakes up, tell him what you have seen."

[The monk] also wanted to cover up the crack with his foot and extinguish the lamp, but Xochkorik thrust out his hand to prevent this, [saying]: "Do not do this until the king has seen it."

But the monk would not agree and, kicking the ground with his foot, he made the crack disappear. Then he said: "When the king awakes, tell him what you have seen."

Now that man awoke and went and told everything to the king. Then the entire assembled multitude prayed ceaselessly to God, the bestower of all good things. The following day when the morning services were being performed everyone assembled at the site of the miraculous cross. A royal tent was pitched over the spot and a screen was placed around the tent at some distance. Beyond this enclosure stood the assembly of bishops and their students, the deacons cross in hand, priests carrying the Gospel, and servitors with censers wafting various fragrant incenses. The earth resounded with the singing in unison of psalms and hymns of praise to the ineffable Trinity.

The virtuous king removed some garments, took the spade in hand, and began to dig boldly. The benevolent and very believing queen descended into the pit in her royal robes and hauled soil away zealously. The bishops, priests, lords and the lords' wives all dressed in their finery took the earth outside with great diligence. Now it happened that they mistakenly began to dig on the wrong side, while the venerable relics lay to their east.

Յայնժամ յոյժ տրտմութիւն կալաւ զթագաւորն եւ զամենայն ժողովս բանակին, մինչեւ նստէր ստրջացեալ թագաւորն ի մեծագոյն հոգս. եւ ապա քաջալերեալ արքային ճշմարիտ հաւատով՝ ասէր. «Անսխալ լինի բան ամենակեցոյցն Աստուծոյ՝ երկուց եւ երից ժողովելոց յանուն կենարարին վաղվաղակի գտանել զխնդիր բարւոյն: Իսկ այսչափ բազմութիւն ժողովելոցս յամենաասուրբ անուն բոլորեցուն Աստուծոյ՝ հաստատեալ գիտեմ, զի ոչ անփոյթ արարեալ մերժեսցէ զմեզ ամաւթով»: Եւ հրամայեալ այնուհետեւ զՍուրբ Զաքարիա եւ զամենաասուրբն Պանդալիոն, զմեծ եւ զյոյժ հռչակելին Գրիգորիոս եւ զՀռիփսիմեայ Գայիանեաւ հանդերձ բերել եւ դնել առաջի բրածին: Վաղվաղակի առեալ առն միոյ զբահն՝ թողոյր զառաջի բրածին եւ սկսանէր զկողմանէ յարեւելս դիմաւ. Եւ պատահէր ամենաասուրբ գերեզմանին երանելւոյն. Յոյժ խնդալից եղեալ թագաւորն եւ ամենեքեան, որ էին ի խորանին:

Եւ ազդումն լինէր բազմութեան ժողովոյն գիտ նշխարաց սրբոյն. եւ դիմեալ ամենայն բազմութիւնն ի նշխարս սրբոյն՝ առ ոտս կամէին հարկանել զբէժն եւ զխորանն, մինչեւ արտաքս ելանել թագաւորին եւ հազիւ ուրեմն դադարեցուցանել զդիմեալսն: Իսկ ի բանալ գերեզմանին եւ յերեւել նշխարացն՝ անընդելական իմն բուրել հոտ անուշից, մինչեւ ամենեքեան ի թմրութիւն լեալ ժամս բազումս՝ ծածկելով զյոլովիցն խնկարկութեանցն հոտ: Ընդ որ յոյժ հիացեալ արքայ եւ ամենայն որ ընդ նմա միաբան տային փառս տուողին այնպիսի ահաւոր բարեաց:

Great sorrow descended upon the king and the entire entourage and the unhappy king sat there grieving. Then, encouraged by true faith, the king declared: "The word of the living God is unerring. To two or three [folk] who gather together in the name of the Savior a request for a good thing is granted at once. Behold, such an assembly is now gathered in the most holy name of the God of all. I know for certain that He will heed us and not reject us to depart in shame." Then [the king] commanded that [the relics of] the blessed Zacharias, the most holy Pantaleon, the great and renowned Gregory with Hr'ip'sime' and Gayane' be brought and placed by the digging. At this point a man suddenly took his shovel and began to dig to the east of the spot he had just abandoned. And the most blessed grave of the venerable man was revealed. The king and those inside the tent were overwhelmed with joy.

The multitude of those assembled were informed about the discovery of the Saint's relics and the entire crowd surged toward the relics and almost trampled the screen and the tent. However, at that point the king emerged and was able to restrain them, but just barely. Now when the grave had been opened and the relics were uncovered, a sweet fragrance came forth which covered all of them with the scent of many different incenses and numbed them for many hours. The king and everyone with him were astonished and in unison they praised the one who accomplished such amazing things.

Ապա նստէր առ գերեզմանի սրբոյն թագաւորն ի վերայ երկրի եւ ի զանազան պատուեալ սպասուց արքունի հրամայէր բերել. եւ եղեալ սապատ ի վերայ ինքեան ծնկացն՝ յոյժ երկիւղիւ սպասէր: Եւ երիցունքն հանելով զնշխարս՝ հաւաքէին ի վեր ի սապատն, զոր թագաւորն ունէր ի գիրկս իւր: Եւ գտեալ շիշս երկուս ապակիս առ նոյն նշխարացն. ի միում կայր յարենէ Զաքարիայ եւ ի միումի նշխարաց սրբոյն Պանդալիոնի: Եւ առեալ զամենն ի դուրս՝ ողջունէին ամենայն բազմութիւնն մինչեւ ցերեկոյ. եւ կնքեալ արքունի մատանեաւն՝ հրամայէր մեծաւ զգուշութեամբ պահել մինչեւ ցառաւօտն: Եւ գտանէին ապակի մի ի գերեզմանին նորին Գրիգորիսի ըմպելի, զոր առեալ գոհանայր արքայն զԱստուծոյ ամենակալէ՝ բարեաց տուեցելումն իւր:

Եւ ի վաղիւ անդր հրամայեաց զիւր իսկ վար արկանել ի վերայ երկրին եւ ոսկեղէն մաղզմայս բերեալ անոյշ գինւով՝ զնշխարսն հրամայէր լուանալ եւ յարեւացուցանել ի վերայ ստորարկեալ վառին:

Անդ ուրեմն գողացեալ աբեղայի միոյ ի նշխարացն, որ էր յԱմարասայ վանիցն: Եւ եկեալ Գրիգորիսի ի տեսլեան մեծավայելուչ փառաւք, ումեմն երեւեալ ասաց զանուն աբեղային եւ զգողանալն, զոր հարցեալ արքային, խոստովանեալ եբեր, առաջի նորա զխորեալ մասն: Եւ տրտնջեալ առն միոյ ի քարակրացն՝ սկսաւ հայհոյել զնահատակն Քրիստոսի զԳրիգորիս, ասէր. «Մեզ նեռն ընտրեցաւ Գրիգորիսն այն»: Եւ իսկոյն հասեալ նմա պատուհաս յԱստուծոյ, զգետնեալ յերկիր, դառնայր երեսքն յետս, եւ այնպէս բազում աւուրս առնէր ընդ առնն, մինչեւ եկեալ եւ հող առեալ ի տեղւոյն, ուր կայր գերեզման սրբոյն: Հեղեալ արտասուս յոյժ, ապա գտանէր զառողջութիւն եւ զյանցանացն թողութիւն:

The king sat on the ground near the grave and ordered that various precious court vessels should be brought there. He put the casket on his knees and worshiped in great reverence. Then priests brought the remains and put all of them into the casket which the king was holding. They also discovered two glass bottles with the Saint's relics. One contained the blood of Zacharias, and the other held the remains of Saint Pantaleon. Removing everything [from the grave] the multitude worshiped them until nighttime. Then the king sealed them with the royal seal and ordered that they be carefully watched over until morning. They also discovered a drinking glass which had belonged to Grigoris himself. The king took this and greatly rejoiced over the many gifts which Almighty God had bestowed upon him.

The following day [the king] ordered that his robe should be placed on the ground and that golden vessels and sweet wine should be brought. He commanded that the relics be washed in it and placed on his robe in the sun.

Now it happened that a monk from Amaras monastery stole a portion of the relics and departed. But then Grigoris in great glory appeared in a vision to another person disclosing the monk's name and his theft. At the king's command he confessed and brought back what he had stolen. Then one of the men from among the stone haulers grew discontent and began to curse Grigoris, the martyr of Christ, saying: "We have chosen that Grigoris as our anti-Christ!" Immediately punishment from God was visited upon him. He fell to the ground, his head was turned back to front. And he stayed that way for many days until he went and took earth from the Saint's grave. He wept a great deal, was healed, and his misdeeds were forgiven.

BOOK I

Ահ մեծ յայնժամ անկանէր ի վերայ գործաւնէիցն եւ գործակալացն. եւ փութապէս երկիւղիւ գործէին զշինուած սուրբ եկեղեցւոյն: Աստանաւր հրամայէր թագաւորն տալ մասն իւրաքանչիւրումն եպիսկոպոսաց՝ առ ի բաշխել վիճակելոց իւրեանց. եւ մեծագոյն ինչ մասն յԱմարաս հրամայէր թողուլ ի նշխարացն. եւ զայլն մեծաւ զգուշութեամբ եւ զանազան սպասուք ինքն իսկ սպասաւորեալ՝ պահէր թագաւորական կնքով կնքեալ: Եւ ի վերայ գերեզմանին հրամայէր հիմն արկանել մատրան եւ փութապէս աւարտել եւ անուանել մատուռն Սուրբ Գրիգորիսի:

Եւ այնուհետեւ ոտանաւոր տքնութեամբ անձնապաշտ լեալ արքայն եպիսկոպոսքն հանդերձ ամենեքումբք ցնծալից ուրախութեամբ պաշտէր զհամայնաժողովսն ի ձայն քաղցր, երգս սաղմոսացն յորդագոյնս ի բարեբանութիւնս Աստուծոյ: Ելանէր ի բանակէն, եւ յերրորդում գիշերին, յորում չորրորդն մերկանայր տիւ ի կատարել պաշտամանն, կատարէին զտէրունեան եւ զկենդանական ահաւոր խորհուրդն:

Ապա չուէր բանակն ամենայն առաջին կարգադրութեամբն եւ սրբոցն դասուք: Անդանաւր բարեացապարտն Վաչագան արքայ զհոգեւորականն եւ զգերաշխարհիկն զայն աւար առեալ, որ էր անանց եւ անպատմելի բարեացն առիթ, որ նախ եղելոցն թագաւորացն նախ քան զնա իւր իսկ նախնեացն ոչ ումեք համբարեցաւ այսպիսի մեծաքանչ պարգեւք: Եւ քրիստոսաժողով բանակին աւարաման առեալ զողորմութեանցն Աստուծոյ՝ զբերումն անճառաբար ստանային եւ ձեռն քրիստոսազգեստ արքային՝ Վաչագանայ, զորոյ գովութիւնն ոչ ինչ նուազ գոլ վարկանիմ, քան զարեւմտականին տիրող Կոստանդիանոս կայսր, կամ զԱրշակունին Տրդատիոս՝ Մեծաց Հայոց փրկութեան գտող, որ եւ մեզս արեւելեայցս: Սա եղեւ դուռն լուսոյ աստուածագիտութեան եւ բազմազան բարեաց աւրինակ երջանիկս այս: Սա մեծապէս ելեալ ի հանդէսս յայս, դառնայ ըստ որում զգալն էր պատրաստեալ: Նոյն գունակ եւ առաւելագոյն եւս հիացուցանող պայծառութեամբ զճանապարհն յաւրինեաց:

At this, great awe came over the workmen and the supervisors who quickly and with fear continued the work of building a blessed church. The king ordered that a portion of the relics be given to each of the bishops to distribute among their dioceses, while the largest share was to remain in Amaras. With great care he himself placed the remainder in different vessels and then sealed them with his ring. He ordered that the foundations of a chapel should be dug over the grave and that [the chapel] be finished quickly and named in honor of Saint Grigoris.

Then the king stood in earnest prayer, and respected the bishops and the entire multitude in great joy to the sound of the sweet singing of many psalms in praise of God. He arose from the camp and on the third night, as the fourth day was about to dawn, they celebrated mass and the Lord's ineffable mystery.

Then the entire camp began to depart, in the same order as before, accompanying the ranks of the Saints. Thus did the pious King Vach'agan acquire the spiritual and otherworldly booty which is the source of permanent and unrelatable goodness. No king before him, none of his ancestors, had ever received such marvelous gifts. The Christian camp also received a portion, thereby gaining indescribable riches from the mercy of God through King Vach'agan. I do not regard him as any less worthy of praise than Emperor Constantine who ruled in the West or the Arsacid Trdat who found salvation for Greater Armenia, since this blessed man did the same thing for us Easterners. He was the door to the light of knowledge of God, the model of many virtues. He who had traveled far for this ceremony returned along the road which had been prepared for his coming, and his grandeur made the road seem to be as good or even better than it had been before.

Շարժի ի տեղւոջէն եւ ի հետիոտս կացեալ արքային, ամենայն բազմութիւնն հանդարտ եւ ցածագնաց քայլիւք, նման խաղաղացեալ ծովու երթային: Եւ ի քաղցրաձայն հնչմանցն, եւ՛ ի ճառագայթ արձակ նշուլից փողփողելոց աւդն զուարճացեալ, եւ՛ հրեշտակք իսկ երգակիցք: Թուէր թէ երկիրս երկինք վերերեւիւր: Եւ ինքն իսկ թագաւորն անխոնջ վաստակով՝ որպէս ի գալն, նոյնպէս եւ ի գնալն անցուցանէր ընդ նոյն գետն եւ կացուցանել հրամայէր զդեսպակ սրբոցն:

Եւ նստէր թագաւորն ամենայն բազմութեամբն, եւ եպիսկոպոսացն աւրհնեալ զխառնիճաղանճ բազմութիւնն՝ հրամայէին գնալ յիւրաքանչիւր տեղիս: Եւ զդասս եպիսկոպոսաց, եւ՛ երիցանց եւ այլ պատուական արանցն առեալ թագաւորին ընդ սրբոցն՝ տանէր մինչեւ զՔարուէճ յաւթի տեղ եւ անդ գոհացեալ զամենեցունց թագաւորն եւ երկրպագութիւն մատուցեալ եւ շնորհիս եկելոցն ի նորա հրամանն եւ գործակցութեան խնդրոյն այնմիկ՝ մատուցանէր եւ ասէր. «Որոց բարեխաւսութեամբ եւ ձեր աղաւթիւք զցանկալին ինձ եւ ձեզ շնորհողին Քրիստոսի միշտ փառք եւ գոհութիւն»: Եւ նոցա միաբան աւրհնեալ զթագաւորն թագուհեաւն հանդերձ եւ ամենայն դրամբն՝ ասեն. «Զամենայն բարի զոր խնդրեցես դու յԱստուծոյ, ի ձեռն սրբոյն Գրիգորիսի տացէ քեզ եւ շնորհեսցէ մեզ լինել քեզ ընդ երկայն աւուրս խաղաղասէր ընդ աշխարհի, եւ ի փառազարդութիւն եկեղեցւոյ առաւելապէս յարդարելով աւր ըստ աւրէ. եւ զվախճանն քո Քրիստոսի խոստովանութեամբ կնքեսցէ կենարարն Քրիստոս եւ նորին հայրն երկնաւոր»:

As they departed, the king went on foot, and the whole procession walked along with quiet, slow steps, like water flowing to a calm sea. The air itself rejoiced with harmonious sounds and glittering reflections. Even the angels sang in accompaniment, and it was as if the earth had become heaven. The king, laboring untiringly, led everyone across the river as he had done on the way to the place. He ordered the litter of the Saints to be halted.

The king sat with the whole congregation. Then the bishops blessed the diverse crowd of people and ordered them to return to their homes; the king led the ranks of bishops and priests and other honored men and the Saints to K'arue'ch and a place to rest, where he thanked them all and said a prayer on behalf of those who had come at his command and helped him in his quest. "Eternal praise and glory to Christ," he said, "Who, by the intercession [of the Saints] and by your prayers, has granted you and me that which we desired." They all blessed the king and the queen and the entire court in unison, saying: "May everything that you ask of God be granted to you through the intercession of Saint Grigoris, and may He grant us to live with you for many days in peace on earth and to make the Church more glorious by our daily increasing zeal. May our Savior Christ and His heavenly Father seal your death by your confession of Christ."

Եւ առեալ թագաւորին ընդ ինքեան զաւագ եպիսկոպոսապետն Շուփհաղիշոյ գնայր. եւ յորժամ գեղջ ուրեք ի յայտ ելանէր դեսպակ սրբոցն, իջանէր թագաւորն եւ հետեւակ սպասաւորէր սրբոցն, մինչեւ տարեալ ընդ շինանիստն անցուցանէր. ոչ որպէս զաւրէն թագաւորի փափկութեամբ յաւրացելոյ հպարտացեալ, այլ իբրեւ զկիրթ եւ յոյժ հմուտ կարգի քրիստոնէութեան՝ արգելավարութեամբ վարեցեալ ի հանգստական փափկութիւնն, եւ երկասիրութեամբ հմտացեալ հպատակէր պատուիրանացն Աստուծոյ:

Այսուհետեւ այսպէս եղելոյ եւ յոյժ հռչակեալ լուր սրբոյն Գրիգորիսի ընդ ամենայն աշխարհն Ուտիացւոց գաւառին. եւ յոր գիւղ կամէին մտանել սուրբքն, ընդ առաջ ելանէին ծերք եւ տղայք, արք եւ կանայք եւ հեռագոյն եւս գիւղք խաչիւք եւ՛ զանազան ծաղկաւք, եւ՛ բուրմամբ խնկոց անուշից. Անթիւ բազմութիւնք գային խնդացեալք եւ անդադար փառատրութեամբ աւրհնէին զմիասնական սուրբ երրորդութիւնն:

Այս ձեւով գային հասանէին ի սեպհական գիւղն Դիւտական եւ անդ հանգուցանէին՝ կատարելով զյիշատակ նոցա մեծապէս. եւ մեծագնի իւղովք անուշիւք աւծանել հրամայէր զնշխարս սրբոցն:

The king took with him the senior chief bishop Shup'haghishoy, and whenever the litter of the Saints arrived in a village, he would dismount and tend to the Saints on foot until he had led them through the village—not as a monarch who had become proud and lazy in luxury, but as a man knowledgeable and learned in Christian doctrine, not as one trapped in the tomb of pleasure, but one who diligently and intelligently submits to the commandments of God.

When all this had happened and the renown of Saint Grigoris had spread everywhere in the district of Uti, men and women, young and old from whichever village the Saints were about to enter came out to meet them, and countless multitudes came joyfully from distant villages bearing crosses and many flowers and sweet incense, and ceaselessly glorified and blessed the united Holy Trinity.

Thus did they reach the king's own village of Diwtakan. There they laid [the relics] to rest performing a great memorial service for them. The king ordered that the relics of the Saints should be anointed with precious oil.

Էր դուստր մի Խնչիկ անուն՝ տղայ հասակաւ, յոյժ սիրելի արքայի, որում անուան շինեալ էր դաստակերտ մի: Տայ նմա մասն մի ի սրբոյն նշխարացն եւ ի նմին դաստակերտին մեծապէս կատարի յիշատակ պէսպէս պատուով: Առնոյր եւ ինքեան մասն, զոր միշտ ի բանակին շրջեցուցանէր ընդ ինքեան: Եւ զմնացեալն ի նշխարացն կնքեալ՝ մեծաւ զգուշութեամբ տայր պահել ի սուրբ եւ յազնուական սեննկի, մինչեւ կատարեսցի հիմնարկութիւն մատրանն, որ ի Դիւտական գեղջն՝ յանուն Պանդալիոնի. զի անդ փոխեալ զերանելին մեծարեսցէ յոյժ: Թողոյր երիցունս եւ սարկաւագունս եւ յոլովագոյն գունդ պաշտաւնէից, եւ ինքն ի տարւոջն երկիցս անգամ կատարէր զյիշատակ սրբոցն զերիս երիս աւուրս. եւ միշտ անձանձրոյթ էր ի պահս եւ յաղաւթս եւ ի տուրս աղքատաց: Իսկ որոց ի նշխարացն հրամայեաց տալ, պատուէր տայր մեծապէս կատարել զյիշատակ սրբոցն: Յուշ առնէր հեղգացելոցն զահագին աստուածային դատաստանն, ջերմագոյն փութացելոցն զնորին բարերարութեանցն անպատում պարգեւս: Այսպէս փառաւորէ Աստուած զսուրբս իւր:

[King Vach'agan] had a daughter named Xnch'ik who was still a girl and much beloved by the king. He had built an estate in her name and gave her a portion of the Saints' relics and this was celebrated in that estate with a great ceremony of remembrance. [The king] himself took a portion of the relics and those of Saint Zacharias, and always had them with him as he circulated around with the camp. As for the remainder of the relics, he sealed them and had them kept with the greatest watchfulness in a blessed and noble chamber until the chapel in the name of Pantaleon was constructed in Diwtakan and the Saint moved there and greatly honored. He left there the priests, deacons, and the brigade of numerous servitors and personally performed memorial services for the Saints, three times a day for three days at that place. He was tireless in fasts, prayers, and giving alms to the poor. He ordered those who had received portions of the relics to celebrate memorial services in honor of the Saints, and he reminded those who might be remiss of the terrible judgment of God. As for those who were zealous, [he reminded them] of the unknowable gifts of [God's] goodness. Thus does God glorify His Saints.

Հարցումն Վաչագանայ՝ արքային Աղուանից զՄատթէ երէց գիտնաւոր:

Ասէ արքայ. «Հոգիք հրաժարեալք ի մարմնոյ զգայու՞ն են, թէ անզգայ. կամ կենդանիքս ննջեցելոցն զիա՞րդ կարեմք աւգնել»:

Լուծումն. «Աղաչելով զԱստուած պահաւք եւ աղաւթիւք եւ պատարագաւք եւ կամ այլ ինչ բարի յիշատակաւք, որ յանուն նոցա կատարի: Եւ զոր աւրինակ Դաւիթ զգեցեալ զսպառազինութիւնն Սաւուղայ՝ կաղալ եւ գթել սկսաւ, իսկ յորժամ մերկացեալ ի բաց ընկէց զծանրութիւն զինուցն եւ թեթեւացեալ յիւրն դարձաւ բնութիւն, սոյնպէս եւ հոգիք: Մինչդեռ զգեցեալ զսպառազինութիւն մարմնոյ՝ կան ի ծանրութեան, իսկ յորժամ զսա ի բաց դնիցեն, որպէս եղեւն ասացեալ, սրատեսիկ եւ քաջիմաց եւ առաւել զգայուն լինին: Եւ որք ասացին անզգայ լինել զհոգին ելեալ ի մարմնոյն, յանդիմանեմք զնոսա Աստուածաշունչ գրոց վկայութեամբ, որ ասէ. «Մովսէս ծառայ իմ վախճանեցաւ, իսկ արդ եկեալ Մովսէս չքնաղազգեստն փառաւք առաջի Աստուծոյ, ոչ մարմին զգեցեալ, որում Պետրոս բաղձացեալ խնդրէր ի տեառնէ զանդէն բնակութիւնն»: Իսկ եթէ անզգայ էր հոգի մարգարէին, որ ասենդ ելեալ ի մարմնոյն, ի՞բր գայր ի զգայութիւն եւ յայսպէս վայելուչ կերպարանս խաւսել ընդ աստուածորդւոյն: «Աստուած, ասէ, կենդանեաց եմ ես եւ ոչ մեռելոց. մեռեալ մարմինն ո՞չ ապաքէն անզգայ է, իսկ անզգայացեալ հոգին, յայտ է, թէ մեռեալ է»: Եւ դարձեալ եթէ՝ «վերակացու եղէց քաղաքիդ այդմիկ՝ վասն իմ եւ վասն Դաւթի՝ ծառայի իմոյ»: Արդ՝ աղէ, ասա, անզգայացեալ հոգւոյն զի՞նչ մեծարանք էին վերակացու լինել քաղաքին նորա. այլ յաղագս կենդանի հոգւոյ մարգարէին արար շնորհիս վերակացու լինել քաղաքին՝ փրկել զնոսա ի սրոյ թշնամւոյն: Եւ առաքեալն Պաւղոս ասէ. «Ելանել ի մարմնոյս եւ ընդ Քրիստոսի լինել՝ լաւ համարիմ». որ եւ նոյն իսկ կենարար Բանն ասէ ցհայրն. «Զորս ետուր ցիս, կամիմ զի ընդ իս իցեն եւ զփառսն իմ տեսցեն»:

KING VACHAGAN OF AGHUANK'S QUESTION TO THE LEARNED PRIEST, MATTE.

The king asked: "Are souls that have left the body sentient or insentient? Or how can we, who are living, assist the dead?"

Response: "By calling upon God with fasts, prayers, offerings or by otherwise conducting fine acts of commemoration in their name. Take the example of David who began to stagger and stumble upon donning Saul's armor, but returned to his nature when he stripped himself of its weight.[12] It is the same for souls. As for those who say that the soul becomes insentient upon leaving the body, we oppose them by citing the Divine Scripture, which says: 'Moses my servant is dead.[13] Then Moses came clothed gloriously before God, but not in the flesh,' on account of which Peter, out of longing, asked the Lord for a dwelling there. Now if the soul of the prophet was insentient when it left the body, how did it become sentient and speak to the Son of God in such a pleasant way? 'I am the God of the living,' he says 'and not of the dead.'[14] Isn't a dead body insentient? So, then, it is clear that an insentient soul must also be dead. And again, 'I will defend this city for my sake and for the sake of my servant David.'[15] Now tell me, what honor would it be for him to defend his city for the sake of an insentient soul? It was for the sake of the living soul of the prophet that he did the favor of defending the city and saving its inhabitants from the enemy sword. The apostle Paul says: 'we prefer to be absent from the body and to be present with Christ.'[16] The vivifying Word says the same to the Father: "I want those you have given me to be with me where I am and to see my glory.'[17]

---

12 1 Samuel 17:38-39.
13 Joshua 1:2.
14 Matthew 22:32.
15 2 Kings 20:6.
16 2 Corinthians 5:8.
17 John 17:24.

«Արդ՝ ըստ քո բանիդ անզգայ հոգւոցն ո՞րպէս մարթ էր ընդ տեառն լինել կամ զանճառելի փառսն տեսանել, կամ մեռեալ մեծատանն հոգին ի տանջանարանէն հեռագոյն սրատես աչաւք զԱբրահամ եւ զՂազար տեսանել կամ գիտել ուստի՞ էր. զի յայտնապէս փրկչին ձայն երեւեցուցանէ ճշմարիտ առաւել, եթէ առաւել քան ի մարմնի, յորժամ արտաքսանայ քան զմարմինն, լինի քաջատես եւ առաւել իմաստուն հոգին: Ոչ միայն Սրբոցն եւ վայելչացելոց հոգիք, այլ եւ մեղաւորաց՝ զգան եւ են լցեալ իմաստութեամբ որպէս մեծատունն քաջատես լինէր, զի մեծ վիհ ընդ մէջ կարել ճանաչել զԱբրահամ: Եւ մեզ ուսոյց ճշմարիտ հաւատն՝ իջումն Աստուծոյ ի դժոխս ի փրկել զնոսա, եթէ արդարեւ զգայուն են եւ առաւել իմաստագոյն հոգիք հրաժարելոցն ի մարմնոյ: Եւ որք կատարեն զյիշատակ Սրբոցն, մեծարեալ պատարագաւք աղաչեն զհոգիս նոցա եւ նոքաւք հայցեն զողորմութիւն յառատատուրն Աստուծոյ, Արդարեւ կարեն բարեխաւսել հոգիք Սրբոցն, եւ վաղվաղակի ընդունի Աստուած զխնդիրս նոցա, եւ մեղացն շնորհէ թողութիւն:»

"Now were it for insentient souls, how could man be with the Lord or see His ineffable glory? Or how could the soul of the dead rich man see Abraham and Lazarus so keenly when he himself was so far away in torment? For the voice of the Savior clearly shows, like a true parable, that the soul becomes all the wiser, its vision more acute, when it leaves the body. Yet it is not only the souls of the saints and decent men, but also those of sinners that are sentient and full of reason, in the same way that the rich man was so perceptive as to be able to recognize Abraham from within the great abyss.[18] And true faith in the descent of God into Hades to redeem them has taught us that souls that have departed from bodies are sentient and all the more rational. And the sins of those who commemorate the saints, honor them with offerings, pray to their souls and seek the abundant mercy of God through them are forgiven, for the souls of the saints can truly intercede and God swiftly accepts their intercession."

---

18 Luke 16:23.

Երանելւոյն Աբրահամու՝ Մամիկոնէից եպիսկոպոսի առ Վաչագան՝ Աղուանից արքայ թուղթ սակս ննջեցելոցն:

Միտ դիր, ո՛վ սիրելի, զի թէ գիտութիւն եւ անգիտութիւն յաղագս հոգւոցն ննջեցելոցն ասիցեմք, չիք ինչ բնաւ այնպէս ախմար քան զոչ հանգուցեալքն: Այլ Աստուած, որ ընդունիչ է պատարագաց եւ կատարիչ ուխտից, լսէ աղաւթիցն կենդանեաց, ընդունի զպատարագսն եւ թեթեւացուցանէ զբեռինս հոգւոցն մեռելոց՝ յուսով ննջեցելոց, զոր եւ ուսուցանեն մեզ Գիրք Սուրբք, որպէս Եղիսէոս ոչ մանկան՝ մեռելոյն լսելով, այլ մաւրն աղաչանաց լսելով՝ կենդանացոյց զմանուկն եւ աւանդեաց մաւրն: Եւ տէր Աստուած մեր գթացեալ յայրին՝ յարոյց զմիամաւր որդի նորա. Եւ առաքելոցն յայրեացն արտասուս եւ ի հառաչանս նայելով յարուցին զՏաբիթայն եւ աւանդեցին զնա նոցա: Արդ՝ եթէ ընտանեացն աղաւթք ի մեռելութենէ ի կենդանութիւն գիտեն ածել, ապա աստուածային զաւրութիւն կարի յոյժ. եւ մեղաց թողութիւն հաւատացուք առնուլ յուսով ննջեցելոցն, որք կենդանիքս նոցա խնդրեմք թողութիւն մեղաց, յԱստուծոյ ներողութենէն:

THE VENERABLE ABRAHAM'S, BISHOP OF THE MAMIKONIANS', LETTER TO VACHAGAN, KING OF THE AGHUANS, REGARDING [THE SOULS OF] THE DEPARTED.

Put it in your mind, dear friend, that whether we speak intelligently or ignorantly about the souls of the departed, no one is so ignorant on this topic as those who have yet to depart. But God, who is the receiver of our offerings and the perfecter of our covenants, listens to the prayers of the living, accepts their offerings and relieves the burdens of the souls of those who departed with hope. Thus does Holy Scripture teach us how Elisaeus, not hearing about the death of the child but hearing the prayers of his mother, brought life to the child and committed him back to his mother[19] and how our Lord, God, having compassion on the widow, raised up her only son. And the apostles, observing the tears and weeping of the widows, raised up Tabitha and gave her back to them.[20] Now if the prayers of relatives can bring the dead to life, then how much more able is the power of God! So let us believe that God forgives the sins of those who depart with hope and let us who are yet living pray for the forgiveness of their sins.

---

19 2 Kings 4:36.
20 Acts 9:40-41.

Սահմանադրութիւն կանոնական ի Վաչագանայ՝ յԱղուանից արքայէ, եղեալ ի ժողովոյն որ զԱղուէնն եղեւ:

Յամս Վաչագանայ՝ Աղուանից արքայի բազում հակառակութիւնք լինէին ի մէջ աշխարհականաց եւ եպիսկոպոսաց եւ քահանայից, քորեպիսկոպոսաց, ազատաց եւ ռամկաց: Ապա կամ եղեւ արքայի առնել ժողով յԱղուէնն բազմամբոխ ատեան յամսեանն մարերի, որ աւր երեքտասան էր ամսոյն:

«Ես Վաչագան՝ Աղուանից արքայ, եւ Շուփհաղիշոյ՝ Պարտաւայ արք եպիսկոպոս, Մանասէ՝ Կապաղակայ եպիսկոպոս, Յունան՝ Հաշուայ եպիսկոպոս, Անանիա եւ Սահակ, եւ Ուտոյ Փող եպիսկոպոս, Յովսէփ՝ Կաղանկատուաց երէց, Մատթէ՝ Պարտաւայ երէց, Թոմա՝ թագաւորի դրան երէց, Պաւղոս՝ Գայեգուձու երէց, Շմաւոն՝ Ցրւոյ քորեպիսկոպոս, Մատթէ՝ Դարահոձոյ երէց, Աբիկազ՝ Բեդայ երէց, Ուրբաթայր՝ Մանուշէից երէց, Յովէլ եւ Պարմիդէ եւ Յակոբ եբիցունք, եւ ազատ մարդիկ, եւ նահապետք Արցախայ, Բակուր՝ Կաղանկատուաց նահապետ եւ այլք բազումք, որք միաբան առաջի իմ եկին ի հանդէս ի հովոց՝ ի տեղւոջս յԱղուէն, կարգեցաք այսպէս.

THE CANONS OF VACH'AGAN, KING OF THE AGHUANS, ISSUED AT THE ASSEMBLY AT AGHUE'N.

During the reign of Vach'agan, king of the Aghuans, many disputes arose among the laity, bishops, priests, chorepiscopi, nobles and the common folk, as a result of which the king wanted to convene a large general assembly, [and he did this] on the 13th day of the month of Mareri[21] at Aghue'n.

I, Vach'agan, king of the Aghuans, with Shup'haghishoy, archbishop of Partaw, Manase' bishop of Kapaghay, Yunan, bishop of Hashu, Anania and Sahak and P'od bishop of Uti, Yovsep', priest of Kaghankatuk', Mat'e, priest of Partaw, T'omay, priest of the royal court, Po'ghos, priest of Gayeguch, Shmawon, chorepiscopus of Ts'r'i, Mat'e, priest of Darahoch, Abikaz, priest of Bed, Urbat'ayr, priest of Manushay, Yove'l and Parmide' and Yakob, priests, and the nobility and clan-heads of Artsakh, Bakur clan-head of Kaghankatuk', and many others who have gathered in my presence in my summer place at Aghue'n have so stipulated that:

---

21 The 10th month of the Armenian calendar (May).

BOOK I

Ա. Երիցունք, որ ի շէնս լինին, երկիցս անգամ ի տարւոջն եպիսկոպոսին երկիր պագցեն, եւ զկարգս հոգեւորս ուսցին ի նմանէ ըստ Գրոց. եւ որպէս կարգն է, ի տարւոջն եպիսկոպոսին ընծայ տարցի:

Բ. Քահանայ եւ սարկաւագ յորժամ ձեռնադրեն, չորս դրամ քահանային եւ երկու սարկաւագին տացեն:

Գ. Ազատ մարդոյ եւ թագաւոր ազգւոյ որ ինչ հոգւոյ մասն տացէ իւրով ձեռամբ ի կենդանութեանն՝ ձի թամբաւք եւ սանձաւք, եւ զոր, ինչ կարողութիւն է իւր՝ տացէ. ապա եթէ ի կենդանութեանն չտայցէ՝ յետ մահուանն ընտանիքն տայցեն:

Դ. Պտուղ ի ժողովրդենէ երիցու՝ կարգ այս լինի. թուանիկն չորս գրիւ ցորեան եւ վեց գրիւ գարի եւ 16 թաս քաղցու. եւ որ տառապեալն է՝ հացոյ զկէսն տացէ, եւ գինի՝ որչափ եւ կարող է: Իսկ որոյ վար եւ այգի չէ՝ մի՛ առցեն, եւ որ ոք աւելի քան զայս տացէ սակս հոգւոյ՝ բարի առնէ, որպէս Պաւղոս ասէ. Որ առատութեամբ սերմանէ, առատութեամբ հնձեսցէ. եւ ոյր ոչխարք են, ի տանէ ոչխար մի եւ Գ զզաթ բուրդ եւ մի պանիր եւ ոյր ձիք ի տան իցեն, մին յովանակ, եւ ոյր պախրէք իցեն, որթ մի:

Ե. Եթէ ազատ է, եթէ շինական եւ եթէ այլ ոք յաշխարհականաց ի տարւոջն զպատարագն մի խափանեսցէ, այս ինքն՝ զմեռելոց յիշատակն, որպէս եւ կարողն է. Եւ անմասն մի՛ արասցեն զմեռեալսն ի վաստակոց իւրեանց. եւ մեռեալ մարդոյն եթէ ձի է՝ մի ձի, զոր եւ կամի, եւ եթէ արջառ է՝ մի արջառ, զոր եւ կամի, յեկեղեցին տայցէ:

Զ. Վանաց երէց կամ վանական ոք եթէ ի վանացն գայթանք առնէ, եւ ի վերայ յայտ լինի, անարգեսցեն զնա եւ ի տեղւոյն ի բաց հանցեն, եւ զխոստակն յեկեղեցի կալցին:

1. Priests in the villages must pay homage to [their] bishop twice annually. They shall learn the spiritual rules from him according to Scripture, and in accordance with the rule, they shall give the bishop a yearly gift.

2. When priests and deacons are ordained, the priest must pay four *dram*s and the deacon, two.

3. Nobles and members of royalty during their lifetimes should personally give a saddled and harnessed horse and whatever else they can give for their souls. Should [such a one] not do this during his lifetime, then after his death his family should give.

4. Let this be the rule for fruits [grown by] the people and given to the priest: four bushels of wheat, six of barley, and 16 jugs of sweet [wine should be given by the well-off farmer]; the poor shall give half a loaf of bread and as much wine as he can; let nothing be taken from him who has no field or vineyard. Now those who for the sake of their soul give in excess of this do well; as Paul says, "he who sows abundantly, shall reap abundantly."[22] He who has sheep shall give one sheep, three fleeces and one cheese from his household; he who has horses shall give one foal; and he who has cattle, one calf.

5. A noble, peasant, or other layman should not avoid an annual giving in memory of the dead. They should give as much as they are able. The dead must not be deprived of a share of their gain. If the deceased had horses, then the Church should be given a horse of the type he himself would have desired; if he had oxen, then an ox he himself would have desired.

6. If an abbot or a monk should misbehave in the monastery and if this should be discovered, he shall be disrespected, expelled, and his property shall be confiscated by the Church.

---

22 Galatians 6:7.

Է. Եթէ վանաց երիցունք բազումք են, եւ ժողովուրդք՝ սակաւք եւ այլ վանաց ժողովուրդ բազում են. եւ երիցունք՝ սակաւք. ի բազում ժողովրդենէն առցեն եւ տացեն, որոյ երիցունքն շատ են:

Ը. Քրիստոնեայ մարդ որ կռուի եւ արիւն հեղու, տարցեն առաջի եպիսկոպոսին, եւ ըստ ուրինացն պատուհաս արասցեն.

Թ. Երէց, որ զշէն մեծ պահէ, զայլ շէն մի՛ պահեսցէ. եւ որ մաւտ երկու ագարակք են, մի երէց պահեսցէ, եւ այնչափ հովուեսցէ երէցն, որչափ առաջնորդել կարասցէ:

Ժ. Այր զերրորդ ազգի կին մի՛ արասցէ եւ զեղբաւր կին մի՛ արասցէ:

ԺԱ. Եւ որ զկին թողու առանց պատճառանաց եւ առանց պսակի կին առնէ, եւ՛ որ անաւրէն եւ մարդասպան է, եւ՛ կամ զգէտս հարցանէ, զայնպիսին կապեալ ի դուռն արքունի տարցին, եւ դառն մահ ի վերայ դիցեն:

ԺԲ. Եւ այնք, որ կոծ դնեն, զտանուտէրն եւ զգուսանսն, կապեսցեն եւ ի դուռն արքունի տարցին եւ պատուհաս ի վերայ դիցեն, եւ ընտանիքն զհետ արտասուել մի՛ իշխեսցեն:

ԺԳ. Որ զմեռելոտի ուտէ, որ եւ ի քառասներորդսն միս ուտէ եւ որ ի կիւրակէի գործ ինչ գործէ եւ յեկեղեցի չերթայ, երէցն պատուհաս արասցէ ժողովրդեամբն հանդերձ:

ԺԴ. Եւ որ ի չորեքշաբթի եւ յուրբաթի միս ուտէ յառաջ քան զաղուհացսն, մի շաբաթ պահեսցէ. Եւ եթէ երիցուն առաջի ոք գայ եւ վկայէ վասն մարդոյն, թէ չէ այդպէս, աւագն շինոյն կալցի զմարդոյն եզն մի եւ յերէցն տայցէ:

7. If the priests of a monastery are many and their congregation few while another monastery has a large congregation but few monks, then let them take from the large congregation and give it to the monastery with few monks.

8. A Christian who fights and sheds blood should be brought before the bishop and punished in accordance with the laws.

9. A priest who tends to a large village should not also administer to another village. If two hamlets are near to one another, one priest may minister to both of them. A priest may shepherd to as many folk as he is able.

10. A man may not marry a woman related to him in the third degree.[23] He may not marry his brother's wife.

11. A man who abandons his wife without cause, or lives with a woman out of wedlock, or who is lawless or a murderer, or visits seers should be taken to the royal court bound, and put to a wicked death.

12. As for those who mourn for the dead excessively: let the landlord and the minstrels be bound and taken to the royal court and punished. Let their families not dare to mourn thereafter.

13. Those who eat carrion or eat meat during Lent or work on Sunday and do not go to church should be punished by the priest and the congregation.

14. Those who eat meat on the Wednesday and Friday before Lent must fast for one week. Should someone go to the priest and say that such a person is not complying [with this penance], then let the village elder expropriate an ox from this person and give it to the priest.

---

23 *Third degree* of consanguinity: i.e., sharing a grandparent.

ԺԵ. Եթէ աշխարհական ոք ի վերայ երիցու կամ սարկաւագի բամբասանս դնիցէ, եւ նոքա խոստովանեսցին, եթէ այդպէս իցէ, եպիսկոպոսն դնիցէ ի վերայ նոցա կարգ, եւ յանապատի ապաշխարեսցեն: Ապա եթէ ոչ խոստովանեսցին ճշմարտութեամբ, եւ զոր այլքն ասեն ճշմարտութեամբ եւ ի յայտ գայ, որպէս ի կանոնսն է գրեալ, պատուհաս դիցեն եւ ի բաց հալածեսցեն ի շինէն. եւ եթէ մեղքն չէ յայտ՝ պատարագ հրամայեսցեն մատուցանել քահանային, եւ այն երդումն լիցի նմա:

ԺԶ. Եւ եթէ ընկերք իւր եւ աշակերտք մեղս ի վերայ դնիցեն երիցուն եւ ինքեանք հաւատարիմ են, երէցն առաջի սեղանոյն կացցէ, եւ ամբաստանողք ժողովրդեանն առաջի ի բեմէն ի վայր առցեն եւ ի շինէն արտաքս հանցեն: Ապա եթէ ընկերք եւ աշակերտքն քինով լինին, եւ ժողովուրդքն գիտէին, եթէ յառաջ խռով էին, քահանայն պատարագ մատուցէ, եւ ժողովուրդն անիծիւք ի բաց հալածեսցեն: Եւ թէ խոստովանին, թէ սուտ ասացաք, ապաշխարութիւն ի վերայ դիցեն եւ ի վանաց մի հանցեն. իսկ եթէ յետ այնր վընաս ինչ գործեսցեն, կանոնաւք դատեսցին:

ԺԷ. Դարձեալ՝ եպիսկոպոսունք եւ երիցունք զազատ արանց առաջի արքայի եղեն տրտունջ, եթէ ի շինի երկուս կամ երիս եկեղեցիս առնեն վանս: Եւ արքայի առաջի ազատ մարդիկ պայմանեցին, եւ՛ արքայի, եւ՛ եպիսկոպոսաց, եւ՛ ազատաց այսպէս հաճոյ թուեցաւ, եթէ զարարեալ եկեղեցիսն թողցեն եւ զպտուղ եւ զհաս եկեղեցւոյ ի վսամ եկեղեցին տացեն:

ԺԸ. Եւ որ տասնորդս տան ազատ մարդիկ, զկէսն ի բուն եկեղեցին տացեն, եւ զկէսն յիւրեանց եկեղեցին:

15. If a lay person makes accusation against a priest or deacon and they confess to its accuracy, let the bishop judge them, and let them atone in a retreat. Should they not confess, however, and that which the others say against them is obviously true, they are to be punished in accordance with the canons and driven from the village. If the crime is not evident, the priest is to be commanded to celebrate a mass, which shall be taken as his oath.

16. If a priest is accused of a crime by his colleagues and students and they themselves are reliable, the priest must stand before the altar and his accusers before the congregation, and he shall be taken from the sanctuary and driven from the village. Should his colleagues and students bear a grudge against him and it be known to the congregation that they have quarreled, the priest is to celebrate a mass and the congregation is to drive the others out and curse them. If they confess that they spoke falsely they are to be made to repent and are not to be driven out of the monastery. But later on, if they should cause any further mischief, let them be punished in accordance with the canons.

17. If the bishops and priests complain to the king about nobles who, they said, built two or three churches or monasteries in a single village, and the nobles made an agreement before the king; it was considered fitting by the king, the bishops, and the nobles that the churches which had been built should remain, and that the produce and income of these should be given to the senior church.

18. The nobles who pay tithes are to give half to the principal church and half to their own church.

ԺԹ. Կիրակէին տէր եւ ծառայ ի վսամ եկեղեցին երթիցեն յաղաւթս եւ զյիշատակ յեկեղեցին արասցեն. այլ անաշխարհիկն զհոգեցատուրն յեկեղեցին տացէ:

Ի. Ազատ արանց, որչափ իւրեանց դաստակերտքն իցեն, զերէց առանց եպիսկոպոսին մի՛ իշխեսցեն հանել եւ առնել. մի՛ եպիսկոպոսն իշխեսցէ հանել առանց նոցա եւ առնել: Եւ երիցուն եթէ յազատէ, կա՛մ ի ժողովրդականէ վտանգ լինիցի, առանց եպիսկոպոսին գնալ մի՛ իշխեսցէ:

ԻԱ. Եւ ազատ մարդ որ յիւր եկեղեցւոջ թէ սեղան կանգնէ, կա՛մ նշխարս ինչ բերէ, կա՛մ պատարագ առնէ, եպիսկոպոսին հրամանաւ արասցէ, որչափ եւ իւր կարողութիւն իցէ: Եւ որ զայս հրամանաւ առնէ եւ կատարէ, աւրհնեալ լիցի. եւ որ ոչն առնէ, հեռի եղիցի յեկեղեցւոյն. եւ ապա ըստ կարի տուգանս բերցէ առաջի եպիսկոպոսին: Եւ յետ այնր որչափ տուգանս տայցէ մարդն, որ ի կանոնսն գրեալն է, ընդ աւրհնութեամբ արասցեն:

ԻԲ. Զայս պայման արարին եպիսկոպոսունք, եւ՛ քահանայք, եւ՛ ազատ մարդիկ առաջի արքայի: Եթէ ի մեր եպիսկոպոսաց, եւ՛ յերիցանց, եւ՛ յեկեղեցւոյ բերանոյ աւրհնեալ լիցի թագաւորն թագուհեաւն եւ զաւակաւքն հանդերձ, եւ ամենայն աշխարհաւս հանդերձ, որք յայս ժողովս են, աւրհնեալ եղիցին: Եւ զայս հրաման մատանեցին Մուծիկ՝ արքայի հրամանատար, Միրհաւրիկ՝ հազարապետ, ազգապետք՝ Մարութ, Տիրազդ, Սպարակոս, Շամա, Բակուր, Առատան, Արչէս, Վարդան քաջ, Գարդմանայ տէր, Խուրս, Գերմանոսան, Խոսկէն, Փիրոզ նահապետ եւ ամենայն ազատք Աղուանից: Եւ վասն առաւել հաստատութեան գրոյս Վաչագանայ՝ Աղուանից արքայի մատանին եդաւ ի վերայ:

19. On Sundays both master and servant are to go to the senior church to pray and offer memorial services in the church. A stranger must pay soulscot to the church.

20. Nobles, regarding [the clerics on] their estates, must not dare to remove or appoint a priest without the bishop's approval. And if a priest is threatened by a noble or the congregation, let him not leave without the bishop's approval.

21. Should a nobleman construct an altar in his church or put relics there or have mass performed there, it should be done with the bishop's consent, to the extent that this is possible. When it is undertaken and done by order [of the bishop] then it is blessed. When not done this way, let [the perpetrator] be expelled from the church and let him pay a fine to the bishop in accordance with his ability. But after he has paid the amount stipulated by canon, he shall be blessed.

22. The bishops, priests, and nobles made this agreement in the presence of the king. May the king and queen and their children be blessed by the bishops and priests and the Church, and may all the participants in this council be blessed. These ordinances were sealed by Mutsik, the king's chancellor, Mirho'rik, the steward, the heads of clans Marut', Tirazd, Sparakos, Shama, Bakur, Ar'atan, Arch'e's, Vardan the Brave, lord of Gardman, Xurs, Germanosan, Xoske'n, P'irog, patriarch all the nobles of Aghuania. As additional confirmation of this document, Vach'agan, king of Aghuania, stamped it with his signet ring.

Յաղագս սրբոյն Մեսրոպայ եւ ընկերաց նորին պատմութիւն փիպասանաբար:

Եւ եղեւ յետ վկայութեանն Գրիգորիսի՝ Աղուանից կաթողիկոսի, բարբարոսական ազգք կողմանցն արեւելից վերստին ի դիւցախելար կռամոլութիւնս կործանեցան. եւ բազում ուխտս ատրուշանաց կատարելով յարուցին հալածանս ի վերայ քրիստոնէից: Մի ոմն ի նախեղելոցն վարդապետաց, որ ի Հոգւոյն Սրբոյ խնամոցն նշանագիր երից ազգացն առնէր՝ Հայոց, Աղուանից եւ Վրաց. նա այնուհետեւ եւ ի սուրբն երթայր յԵրուսաղէմ մատուցանել ուխտադրութիւն: Անտի դարձեալ աշակերտաւքն, ընդ ինքեան ունելով զխաչն արծաթեղէն՝ ոսկեխաղաց տեսակաւ, յորում ի տէրունեան խաչէն էր մասնաւորեալ: Անցանելով ընդ Հայաստան՝ ճանապարհորդէ հասանել ի սահմանս արեւելից՝ ի գաւառն Ուտիական: Եւ մտեալ բնակէին ի ճախճախուտ տեղիս եւ ի լաւռաբոյս մաւրսն՝ առ տեղեաւն, որում Գիսն կոչեն: Եւ յայնժամ նորոգեալ զեկեղեցւոյ հաստատէ զհաւատս: Եւ ձգէր զքարոզութիւն աւետարանին յաշխարհն Ուտիացւոց եւ յԱղուանս, եւ՛ Լփինս, եւ՛ ի Կասպս, եւ՛ մինչեւ ի դուռն Չորայ. Եւ զայլազգի ազգսն, զոր գերութեամբն էր ածեալ Աղեքսանդրի Մակեդոնացւոյ եւ նստուցեալ զմեծ լերամբն Կաւկասու, զԳարգարսն եւ զԿամիճիկ Հեփթաղսն դարձուցեալ ի հաւատս՝ զկարգ աստուածապաշտութեան ուսուցանէր, զոր ի վաղնջուց ուսեալն՝ էին մոռացեալ:

Բոլորովին քարոզ եւ առաքեալ խուժադուժ Սարուստանեացն լինելով՝ ըստ նոցին բարբառոյ դպրութեան առնէր զնոսա ծանաւթս: Եւ անտի դարձեալ՝ ի Մաւրսն երթեալ բնակէին՝ ղաւղեալ ի սպառնալեացն դժնդակ իշխանացն. եւ անտի անառ. ծածուկ լեալ աւր ըստ աւրէ հաստատէր զեկեղեցիսն Աստուծոյ:

NARRATIVE HISTORY ABOUT SAINT MESROP AND HIS COMPANIONS.

After the martyrdom of Aghuania's Catholicos Grigoris, the barbarian peoples of the eastern areas again fell into pagan idol-worship, making many vows in their fire-temples, and persecuting Christians. [Mesrop, who] was one of the first vardapets, by the grace of the Holy Spirit invented alphabets for three peoples, namely the Armenians, Aghuanians, and Georgians [Iberians]. After this he went on a pilgrimage to Jerusalem. Returning with his students and with a silver cross plated with gold in which was a piece of the Lord's Cross, he passed through Armenia into the eastern areas to the district of Uti. And he dwelt among marshy places and moss-covered swamps in the place called Gis. He revived the Church and strengthened the faith. He spread preaching the gospel to the land of the Uti, the Aghuans, the Lp'ink', to Kaspk', up to the Ch'oghay Pass, and to other foreign tribes whom Alexander of Macedon had captured and settled around the great Mount Caucasus, namely, the Gargark' and the Kamichik Hephthalites and he taught them the same form of worship which they had learned long ago and then forgotten.

[Mesrop] was a perfect preacher and apostle to the barbarian mountaineers whom he taught to write in their own language. From there he returned and dwelt in the swampy areas [or, at Mo'rs] hiding from the threats of the cruel princes. Hiding there, he daily strengthened the Church of God.

Եւ անդէն ոգի մոլորութեան գրգռէր զմիտս գազանաց-եալ բռնակալացն. զայրագնեալ նոցա փոյթ յանձին կալեալ սպանանել զնոսա: Իսկ երանելույն Մաշտոցի ի Հոգւոյն Սրբոյ ազդեալ՝ փութացեալ փորէր փոս մի ըստ պիտոյից գործոյն եւ զաստուածային առեալ զանձ, որ է խաչն տէրունական, եդեալ ի տապանի՝ ծածկէր ի գետնափոր կայենի:

Եւ այնուհետեւ հաւատարիմ եւ զուգակրաւն աշակերտաւքն միաբան յաղաւթս եւ ի խնդրուածս ապաւինեալ՝ միմեանց կամաւ յերկուս բաժանէին ջոկս: Կէսն ի կոյս կողմանց գաւառացն ելանել խորհէին. կիսոցն բազում աշխարհս հատեալ անցեալ քարոզէին հաւատս: Բայց մնացեալ դասն ի տեղւոջ կայենի խաչին՝ յետ սակաւ ինչ աւուրց զմարտիրոսական առնուին զպսակ: Յորոց նահատակութեանցն տեղւոջ նշանք լուսեղէնք եւ հրաշալի սքանչելիք երեւեալ. Զոր տեսեալ բազում անգամ անհաւատիցն, եւ ուսեալ, թէ մեծին Աստուծոյ է այն նշանն, հաւատային միաբան եւ մկրտէին առ հասարակ:

Իսկ մի ոմն ի նորա հաւատիցն, որ բազում անգամ տեսեալ էր զնշանն զայն, ի վերայ գետնափոր կայենի խաչին շինէ մատուռն մի հողեղէն չորեքկուսի եւ տապան տախտակամած արարեալ՝ ամփոփէր զնշխարս նոցա ի տապանի անդ եւ ամ յամէ ուխտաւորեալ կատարէր զյիշատակս նոցա: Եւ յոլովիցն լինէր բժշկութիւն ի տեղւոջն, յորս հաստատեալ նուաճեցան հաւատացեալքն: Եւ նախ անդ եդեալ հիմունս՝ հաստատէին եկեղեցի Աստուծոյ ի կայարանի խաչին, զոր Հին եկեղեցի տեղւոյն անուանէին, որում Գիսն կոչեն: Այլ եւ յետ բազում ժամանակաց վեհ ազգի ոմն իշխան Վարազ Փերոժանուն՝ յԱռանշահիկ տոհմէ, կամեցաւ նորոգել զհին եկեղեցին, եւ ոչ կարէր քակել զաղիւսաշար պոյր գմբեթին, սակս զի բնակեալ էր անդ խաչն տէրունական եւ նշխարք վկայիցն:

Then the spirit of fanaticism incited the minds of the bestial tyrants, and in their fury they hastened to capture and kill them. But the venerable Mashtots', warned by the Holy Spirit, quickly dug a hole of the right size. Taking the divine treasure, the Cross of the Lord, he placed it in a box and hid it in the hole he had dug in the ground.

Subsequently, his true and faithful disciples, unanimously putting their trust in prayer, agreed to divide into two groups; the first planned to go up into the districts, while the other, traversing many lands, went to preach the faith. However, those who stayed at the site of the Cross received the martyr's crown after a few days. At the scene of their martyrdom luminous signs and wonderful miracles were observed. These were seen on many occasions by the unbelievers who, learning that these miracles were from God, believed with one accord and were baptized in the faith.

One of the newly converted, who had often seen this sign over the place where the Cross was buried, built a square earthen chapel there, and building a shrine of wooden planks, transferred their relics there and vowed to commemorate them yearly. Many were healed in this place, so that those who believed were confirmed in their faith. First laying the foundations there, they built a Church of God over the site of the Cross. Afterwards they named it the Old Church of Gis. A long time later, a noble prince called Varaz-P'eroz of the Ar'anshahik clan wanted to renovate the Old Church, but he could not demolish the brick top of the dome, for inside this rested the Lord's Cross and the relics of the martyrs.

Տարագրած յաղագս աշակերտացն սրբոյն Մաշտոցի ընդ ներգոյս գրուցատրաբար:

Յետ Սրբոյն Մաշտոցի սուղ ինչ անցեալ ժամանակ նորին աշակերտեալքն, որ ի կողմանս գաւառացն Աղուանից, գումարեալք ի մի վայր, յազդմանէ սուրբ հոգւոյն խորհրդազգացք լինելով՝ փութային հասանել գործոց բարեաց: «Զի՞նչ մեք արասցուք, ասեն, զի որ մերոյ լուսաւորութեանն էր աղիթ, ննջեաց ի Քրիստոս: Եւ ահա ի նմանէ մնացեալք եմք որբք, եկայք, եղբարք, յաստուածայինն երթիցուք ի քաղաքն Երուսաղէմ. եւ ի նոցանէ խնդրեսցուք մեզ առաջնորդս. զի բնական լուսաւորութեան երկրիս արեւելեայցս ի ձեռն Սրբոյն Եղիշայի յԵրուսաղէմէ եղեալ սկիզբն»:

Յայնժամ հանդերձեցան կազմեցան յերիս բաժանեալ գունդս՝ համբարձեալ ի կողմանցն Աղուանից յառաջ խաղային առ սահմանաւքն Ասորեստանի. Երթեալ հետեւողաբար յԵրուսաղէմեան հասանէին քաղաք: Եւ մտեալ յաստուածաբնակ եկեղեցին՝ երկիր պագանէին ամենակեցոյց փայտին կենաց: Եւ հանդիպեցան հոգեզուարճ աստուածազարդ հայրապետին՝ տուեալ ողջոյն կղերց եկեղեցւոյն խոնարհամիտ համբուրիւ, ընկալեալ ի նոցանէ լինէին: Եւ զջան քրտանցն Մաշտոցի բովանդակ պատմէին առաջի սրբոյ հայրապետին, եթէ զի՛նչ գունակ սքանչելիս առ բարբարոսականսն կատարեալ՝ լինէին ուղղութիւնք:

AN ACCOUNT OF SAINT MASHTOTS' STUDENTS IS PRESENTED BELOW.

Not long after the death of Saint Mashtots', at the instigation of the Holy Spirit his students in the districts of Aghuania assembled in one place and were eager to do good works. "What shall we do," they asked, "for the source of our enlightenment has reposed in Christ, and we remain behind as orphans? Come brothers, let us go to Jerusalem, the city of God, and ask for a leader, since the true illumination of the Eastern lands started in Jerusalem with Saint Elisha."

They prepared and equipped themselves and divided into three groups. They left the regions of Aghuania, reached the borders of Asorestan and subsequently arrived in Jerusalem. Entering the House of God, they worshiped the redeeming Cross for a long time. They met the spiritually joyous and godly patriarch and greeted the clergy of the church with a humble embrace and were well received by them. They told the holy patriarch in full about the efforts of Mashtots', and the miracles he performed which resulted in the barbarians being corrected in their ways.

Զոր լսելով, նոցա մեծաւ խնդութեամբ ընկալեալ, բազում մեծարանս ցուցանէին խնամով: Առնէին անդ աւուրս բազումս՝ յարելով յինքեանս արս երիս աստուածասէր քահանայս, որոց առաջինն՝ Աթանասիոս: Զնոսա ողոքական բանիւք հաւանեցուցանէին գալ ընդ իւրեանս, զի յառաջնորդութիւն զնոսա վիճակեցուսցեն աշխարհին իւրեանց: Եւ կատարեալ նորա զերկրպագութեան ուխտ՝ երանաւէտ համբուրիւ ողջունէին զսրբոյ պատրիարքին ոտս: Եւ նորին հրամանաւ յուղարկեալք անտի ոսկեղէն եւ արծաթեղէն սպասուք եւ բազում նշխարաւք յամենայն սրբութեանցն Աստուծոյ. յարազուարճ ցնծութեամբ հրաժարեալք՝ քահանայիւքն հանդերձ ուղեւորեալ գնային: Եւ եկեալ հասանէին ի սուրբ պահս քառասնորդացն յեւթներորդ շաբաթու պասեքի զատկին ի խորախոխում անտառայար եւ ի մայրաստանիկ աշխարհն Արցախայ՝ գաւառն Մեծ Կուենից: Եւ ի կիրճս ճանապարհին երկաջոկեալ գունդն յերկուս բաժանելով նստէին գուպարս յայնմ տեղւոջ, որում Աստեղն կոչեն բլուր՝ ի հիւսիսոյ կողմանն. եւ գունդն երկրորդ յայնկոյս Տրտուական գետոյն, ի հարաւական կողմանն ի մայրոլորտ հովտի պուրակի բնակէին՝ Չղախն անուանեցելոյ: Զի ուխտիւք խոստացեալ էին առ միմեանս կատարել ի տեղւոջն զամենասուրբ զատիկն:

Hearing this, [the Jerusalem clergy] received them joyfully and honored them with great attention for many days. They attached to them three pious priests, the first of whom was Athanasius. They implored them humbly to accompany them that they might guide them in creating dioceses in their own land. When they fulfilled their vows, they joyously kissed the feet of the holy patriarch. At his order they were sent away with gold and silver ornaments and many relics of all the Saints of God. Departing with heartfelt gladness, they went their way accompanied by the priests. Now during the holy fast of forty days, on the seventh Sunday of Easter, [the travelers] arrived in the district of Mets Kueank' in the deep-valleyed and heavily forested land of Artsakh. The group divided into two parts at the crossroads: the first assembled in a place to the north known as Asteghn Blur[24], while the second settled beyond the river Trtuakan to the south, in a wooded valley in the forest called Ch'ghax. For they had vowed to each other that they would celebrate Easter there.

---

24 *Asteghn Blur:* "Star Hill".

Դիմումն հիւսիսականացն յամենայն սահմանս Աղուանից, Հայոց եւ Վրաց. եւ վկայութիւն աշակերտացն սրբոյն Մեսրոպայ:

Ընդ այն ժամանակս ապա թագաւորն Ռոսմոսոքեան իւրովք զաւրաւքն եւ Թոբելական գնդիւն գումարեալ՝ ժողովեաց զամենայն զաւրս Հոնաց եւ անց յայս կոյս Կուրական գետոյն՝ տարածեալ յՈւտիացւոց գաւառն: Եւ ածեալ նստուցանէր զղակիշն իւր մերձ ի Խաղխաղն քաղաք: Եւ անդէն արս երիս ընտրեալ զղակիշն իւր մերձ ի Խաղխաղն քաղաք: Եւ անդէն եւ բովանդակեալ գումարէր ի ձեռս նոցա զմետասան զաւրացն բազմութիւնս եւ հրամայէր յերիս առաջս առնել՝ ասպատակել ի վերայ աշխարհին Աղուանից, Հայոց եւ Վրաց: Իսկ երրորդ մասն զաւրուն հասեալ ի մուտ զատկին յԱրցախական գաւառն՝ տայր ասպատակ ի վերայ Մեծ Կուենից:

Զայն հէն համբաւ լուեալ Չղախական գնդին Երուսաղէմեան՝ զահի հարեալ մեծաւ երկիւղիւ: Աճապարեալ ի մի վայր ժողովէին զմասունսն նշխարացն ամենայն եւ յերկուս ամփոփեալ արծաթեղէն կողոփս ծածկէին յերկրի:

Եւ իսկոյն հասեալ աւրհասականնն այն գուժկոչ աղմուկ, նման ցաւղացայտ անձրեւի տարածեալ անճողոպրելի տարակուսանքն: Դիմեալ որպէս զալիս ծովու՝ նախահաս յԱստեղն լինէին բլուր: Նոցա ան կասկած լինելով իրացն՝ յեղակարծ ժամու դիպէին անխնայ խոցոտման սրոյ առհասարակ: Եւ զսպասսն ոսկւոյ եւ արծաթոյ աւար առեալ, ցիր եւ ցան զսրբութեանցն նշխարս ընդ բլուրն եւ վիժեալ ճապաղէին եւ զգլխաւորն քահանայից զերանելին Աթանաս անդրէն նահատակէին եւ զմնացեալսն գերի առեալ ի տեղւոջն բակարգել առնէին:

THE INVASION OF ALL THE BORDERS OF AGHUANIA, ARMENIA, AND GEORGIA BY THE NORTHERNERS, AND THE MARTYRDOM OF SAINT MESROP'S STUDENTS.

At that time the king of R'osmosok' together with his army and the Tubal brigade gathered all the forces of the Huns, crossed to this side of the River Kur, spread into the district of the Uti, and pitched camp by the town of Xaghxagh. Choosing three strong men, [the R'osmosok' king] appointed them leaders of the great force. He entrusted the multitude of eleven armies to them, and commanded them to divide into three groups and to raid the lands of Aghuania, Armenia, and Georgia. The third group of the army reached the district of Artsakh at the beginning of Easter and began raiding Mets Kueank'.

When word of this assault reached the Ch'lax group from Jerusalem they were terrified. They hurriedly gathered all the relics together, put them in two silver caskets and concealed them in the ground.

Immediately afterwards there descended like a torrent of rain a pandemonium which brought death with it, mixed with cries of lamentation and spreading hopeless despair. It swept forward like the waves of the sea, and quickly arrived at Astegh Blur. Everyone there was taken unawares and mercilessly put to the sword. The gold and silver ornaments were plundered, and the holy relics scattered over the hill. It was here that the chief of the priests, the venerable Athanasius, was slain. The invaders took the survivors prisoner and detained them there.

Բայց կին մի Թագուհի անուն՝ յՈւտի գաւառէ ի բնաշխարհիկ ազատաց, ի Բագնաց գեղջէ՝ մեծատուն յոյժ, որ նոյն ինքն ընդ երուսաղէմացիսն էր ցանկորդեալ: Զնա տեսեալ զաւրավարին Հոնաց ի մէջ գերելոցն, դիւայորդոր բղջախոհական ախտիւն յեղյեղեալ տոփէր ի նա, զի գեղեցիկ էր յոյժ: Հրամայէր պահել զնա մեծաւ զգուշութեամբ՝ առնուլ ի կնութիւն իւր կամեցեալ: Եւ ինքեանք զառաւրեայ արշաւանսն վճարելով՝ ածին ժողովեցին զամենայն առ եւ աւար գաւառին եւ զնոցուն համագունդ եղբարսն: Եւ զբազումս ի նոցանէ սպանանէին եւ զմնացեալսն գերի վարէին՝ ածելով յԱստեղն բլուր: Եւ ի մէջ գերելոցն ունէին զերկուս քահանայսն՝ ընկերս Աթանասիոսի վկային: Քանզի մեծ զաւրավարն Հոնաց անդէն բանակեալ կայր իւրովն զաւրաւք զայն գիշեր: Եւ ընդ երեկս աւուրն սպահապետ գընդին Թոբելեան հրամայէր ածել զերանելի Թագուհին, զի կատարեսցէ ընդ նմա զկամս վաւաշոտութեանն իւրոյ: Իսկ նա վառեալ զինու զաւրութեամբ տեառն՝ այպանէր զնա, չանսայր, չհաւանէր, ծաղր իսկ առնէր զկնտի բարբարոսովն. «Քաւ լիցի ինձ, ասէ, տալ զզաստութիւն պարկեշտութեան իմոյ շանազգի եւ խոզաբարոյ հեթանոսաց, կամ եթէ յերկիւղ է տանջանաց ինչ զանգիտել մինչեւ ի մահ, եւ փոխանակել զոչ ինչ կեանս ընդ այնմ, որ ոչն անցանէ»: Եւ համբարձեալ զձեռս իւր առ Աստուած՝ բարբառէր ասելով. «Տէր տերանց եւ թագաւոր թագաւորաց, մի՛ յամաւթ առնէր զիս՝ զյուսացեալս ի քեզ. ամբիծ եւ ուղիղ պահեա՛ յառժամանակեայ վտանգէս: Որպէս շնորհեցեր ինձ զծնունդ աւազանին լուսոյ նորոգման ճանաչել զքեզ, արա՛ եւ այժմ անարատ մնալ ինձ ի մեղաց հաւատովք եւ սրբութեամբ: Ծագեա՛ զլոյս ճշմարտութեան քո ի սիրտ անզգայ բարբարոսացս. զի եւ սոքա ծանիցեն զքեզ, միայն ճշմարիտ Աստուած»:

Now it happened that there was [among these captives] a woman called T'aguhi, one of the local noblewomen of the district of Uti from the village of Bagink', an extremely rich woman who frequented the missionaries from Jerusalem. When the general of the Huns spotted her among the prisoners, he became inflamed with a demonic and lascivious passion, for she was very beautiful. He ordered that she should be guarded with great care, since he planned to take her to wife. His men completed the day's raids and heaped all the district's loot and booty together, while his comrades killed many and drove others into captivity on Astegh Blur. Among these prisoners there were two priests, who were colleagues of the martyr Athanasius. The great general of the Huns camped there that night with his army, and towards evening the chief of the Tubal force ordered the blessed T'aguhi to be fetched that he might satisfy his lewd desires upon her. Armed with the power of the Lord, however, she scorned him, resisted and ridiculed the filthy barbarian. "God forbid", she said, "that I should yield my chaste virginity to a son of a dog, a pig-like heathen, or that I, out of fear of torture, should be afraid to die and exchange this worthless life for one which does not pass away!" And raising her hands to God, she said: "Lord of Lords and King of Kings, do not put me to shame who place my trust in You. Keep me pure and righteous in this present danger. As You gave me rebirth in the [baptismal] basin of light, that I might know You, so now make me free from sin in faith and holiness, and cause the light of Your truth to shine into the hearts of these senseless barbarians, that they also may recognize You as the one true God."

Իսկ զայն իբրեւ լուան անաւրինացն ջոկք, չոգան
պատմեցին իշխանին իւրեանց, զի թարգման կայր ի միջի
նոցա, որ լսէր զամենայն խաւսս նորա: Յայնժամ մոլեկան
սրտմտութեամբ առ լցեալ բռնաւորն, ըստ խածանող եւ մր-
մռող գազանութեանն զայրագնեալ՝ հրամայէր, զի եթէ ոչ
եկեսցէ շքով եւ պատուով, անհնարին տանջանաւք չարա-
մահ արասցեն զնա: Եւ երթեալ սպասաւորքն ստիպէին
զնա առնել զկամս իշխանին: Եւ իբրեւ ոչ կարէին հաւանե-
ցուցանել զանհրապուրելի Թագուհին, կապէին զձեռս նո-
րա ի յետս եւ՛ քարշէին զվարսից նորա, եւ դժնդակ փշովք
անտառի յանապատին ծեծէին զերեսս նորա, եւ՛ քանցէին
մարմինք սրբոյն առհասարակ, եւ՛ ապա բառնային զգլուխ
երանելւոյն սուսերաւ: Որպէս սուրբ տիկնոջն Հռիփսիմէի՝
լինէր մարտն, եւ աստուածայաղթ պսակաւքն Քրիստոսի
պսակեալ լինէր մեծն այն Թագուհի:

Եւ յետ այնորիկ, ի նմին գիշերի մինչդեռ արթնական
խնջոյիւքն դեգերէին այլազուն իշխանն հանդերձ զաւրա-
կանաւքն եւ առնէին ծաղրակատակ խնդութիւն, յանկար-
ծակի նշան զարմանալի երեւեալ նոցա ի տեառնէ: Զի ակն
յայտնի ամենեքեան տեսանէին լոյս սաստիկ ծագեալ ի
տեղւոջն, ուր Սուրբն Թագուհի վկայեաց, եւ ուր ցրեալ
պատառած հանդերձի նորա ափիռ եւ տարած ընդ երեսս
անտառին փայլէին իբրեւ զաստեղս: Եւ հարուստ ժամա-
նակաւ լոյս աստեղանման ծագեալ ի տեղւոջն՝ փարէր ի
վերայ սրբոցն նահատակացն, զոր տեսեալ բազմութեան
մարդկանն, զանուն տեղւոյն Աստեղաբլուր անուանեցին
մինչեւ ցայսաւր: Վասն որոյ յաւետաաքանչ հրաշիւք հիա-
նայր իշխանն. եւ ի մեծի ահի եղեալ՝ հրամայէր առ ինքն
կոչել զքահանայսն տեառն: Եւ ուսեալ ի նոցանէ զփրկու-
թեանն ճանապարհ՝ հաւատաց յԱստուած կենդանի. եւ հը-
րամայէր ամփոփել զցրուեալ նշխարս սրբոցն, եւ պատել
սուրբ կտաւովք եւ ծածկել ի բլրին: Եւ անդէն կատարէին
յօղեաց եւ յայծեաց պատարագս աւրհնութեան. եւ զտէրու-
նական զտաւնն մեծապայծառ խմբէին յիշատակաւք ի նո-
ցին վկայելոցն:

When the impious mob heard this they went and told their prince, for there was an interpreter among them who listened to her whole speech. The tyrant, filled with fanatical anger, flew into a rage in his snarling and growling bestiality, and ordered that she be put to death with terrible tortures if she would not come to him in honor and respect. His servants went and urged her to submit to the will of their prince. When they were unable to persuade the unwilling T'aguhi, they bound her hands behind her back, dragged her by the hair, tore her face with cruel thorns from the forest thickets, and together they lacerated the body of the Saint; then they beheaded her with a sword. Her battle was like that of Saint Hr'ip'sime, and the great T'aguhi was also crowned with the divine and victorious crown of Christ.

That very night, while the foreign prince and his forces enjoyed themselves with sleepless joy and made merry, a marvelous sign suddenly appeared from the Lord. Everyone clearly observed a strong light shining from the place where the blessed T'aguhi had been martyred. The torn remnants of her clothes, scattered over the forest, shone like stars, and for a long time this starry light glowed above the holy martyrs. When they saw this, the people called the place *Astegh Blur*, as it is known to this day. The prince was amazed by these miracles of good tidings, and in great fear he ordered the priests of the Lord to be summoned before him. Learning from them the path of salvation, he believed in the living God and ordered that the scattered relics of the Saints to be gathered together, that Saint [T'aguhi] be wrapped in linen, and that they be hidden on the hill. Then with their flocks and goats [as sacrifices], they performed mass with great ceremony in commemoration of their martyrs.

Հաւատալն մեծի զաւրավարին Թոբելեան ի Քրիստոս, եթէ նա է Աստուած. եւ նահատակել զաւրաւքն եւ որդւով եւ քահանայական դասուք յիւրմէ թագաւորէն յաշխարհիս Աղուանից:

Ի հասանել ճշմարտութեանն լուսոյ ի սիրտ աստուած արեալ իշխանին Թէոփիլոսի՝ ի բաց արձակել զմարդագերիսն հրամայէր. եւ ինքն չուեալ զայգոյ զատկին հանդերձ քահանայիւքն սրբովքն եւ այլ բազում հաւատացելովք՝ խաղայր գնայր Ագիստոսեան գնդիւն: Եւ երթեալ, հասեալ յՈւտի գաւառն՝ իջեալ բանակէին առ ափն Կուրական գետոյն, մերձ ի նաւահանգիստն Ջոմաքատակ կամուրջին: Եւ ինքն իսկ մեծ թագաւորն Ռոսմոսոքեան դարձեալ լինէր, ամենայն զաւրաւք իւրովք ասպատակէր: Բազմահոյլ գերութեամբն եւ մեծամեծ աւարաւքն անցեալ զԿուրական գետովն ի յարեւելից կուսէ բանակէին յայն կոյս յանդիման նոցա: Յայնժամ հրաման տայր դիւցազնային մոլորութեամբն ձաւնել նուէրս զոհից մեհեննազարդ խնճոյիւք աստուածոցն իւրոց: Զայն տեսեալ քրիստոսազարդին Թէոփիլեայ եւ Ագիստոսեան գնդին՝ մատուցանէին եւ նոքա պատարագս Աստուծոյ ըստ կարգի քրիստոսական կրաւնից ի ձեռն աւրհնութեան քահանայիցն սրբոց եւ խաչազարդ յաւրինէին զնշանս դրօշիցն իւրեանց:

THE GREAT GENERAL OF THE TUBAL TROOPS BELIEVES IN CHRIST AND ACCEPTS THAT HE IS GOD; AND HOW [THE GENERAL] IS MARTYRED WITH HIS TROOPS, CHILDREN, AND HIS CLERGY BY HIS KING IN THE LAND OF THE AGHUANS.

After the light of truth had entered the heart of the godly prince Theophilus, he ordered that the prisoners be released, and on Easter morning he set out with his blessed priests and many other believers and the *Agistosean*[25] brigade, arriving in the district of Uti. There they dismounted and pitched camp by the Kur River near the harbor by the Ch'omak'atak bridge. The great king of Rosmosok' himself returned with his armies after his raids with great multitudes of prisoners and very great booty. He crossed the Kur from the east and camped opposite them. In his idolatrous error, he ordered sacrifices to be made to his gods in heathen feasting. When the Christian Theophilus and the *Agistosean* army saw this, they came forward and offered gifts to God in accordance with the precepts of the Christian faith. With the blessing of the holy priests they put the Sign of the Cross on their banners.

---

25   *Agistosean* is derived from hagios (Greek, "holy").

Իսկ զայս իբրեւ ետես գազանամիտ եւ անաւրէն թագաւորն բարբարոսաց, դիւագրգիռ մոլորութեամբն դառնացեալ, հրամայէր առ ինքն կոչել զՍուրբ զաւրավարն Թէաւփիլոս երեսուն արամբք։ Եւ նախ ողոքանաւք եւ ապա սրտմտութեամբ խաւսել սկսաւ ընդ նմա եւ ասէ. «Սիրելի գոլով մերոյս թագաւորութեանս, քաջութեամբ յաղթող երեւեալ՝ մեծարեցար յոյժ ի մերմէ խնամակալութենէս. Վասն որոյ նախապատիւ ես քան զամենեսեան, եռամանեայ զաւրավարութեամբ փառաւորեալդ. ընդէ՞ր դու թողեր զքաջատոհմիկ Աստուածս ազգի քո, որ ետ մեզ յաղթութիւն ասպատակիս, եւ ապստամբեալ քո յինէն քոյովք զաւրականաւքդ՝ պաշտաւն մատուցանէք Աստուծոյն, զոր մեքն ոչ գիտեմք։ Սակս որոյ եթէ ոչ մատուցես զոհս աստուածոց մերոց, մահապարտ ես դու եւ զաւրականքդ քո ի միասին»։

Պատասխանի ետ խոստովանողն Քրիստոսի՝ քաջ զաւրավարն Թէոփիլէ եւ ասէ զթագաւորն. «Իմաստութիւն կենաց մարդոյ ծնունդ է առաքինութեան. եւ առաքինութիւն քաջալաւ բարեաւք մայր է աստուածապաշտութեան։ Արդ՝ եթէ յառաւելութիւն փառացն Քրիստոսի ծնունդ միաւորեցաւ ի մերում բնութեանս շնորհաւք լուսոյն գիտել, ճանաչել զԱստուած՝ զարարիչն երկնի եւ երկրի, զմիահաւասարակ սուրբ երրորդութիւնն՝ որ իւրով բարերարութեամբն կամեցաւ մերժել զմեզ ի չքոտի կռոցն վնասակարութենէ։ Արդ՝ մի՞թէ արգելուլ ինչ կարասցես ի մէնջ զշնորհս երկնային, կամ համեմատել զձեր վայրկենի պատիւդ կամի՞ցիս ընդ աստուածային պատուոյն. կամ թէ սպառնալեաւք քովք համարեսցիս զանգիտեցուցանել զմեզ եւ զաժամանակեայս ընտրել կեանս, թողլով զԱստուած՝ անմռնչոց մատուցանել պաշտաւն»։

When the bestial, impious king of the barbarians saw this, he was seized with diabolical frenzy and angrily ordered the blessed general Theophilus to be summoned before him with thirty men. At first he addressed them gently, and then angrily, saying: "You who are dear to our kingdom because of your victories and bravery," he said, "have been greatly honored by us; you, being of higher rank than all the others, were honored with the leadership of one third of my army. Why have you abandoned the valorous gods of your race who gave us victory in our raids? You have rebelled along with your soldiers and now worship a god of whom we know nothing. Now if you will not make sacrifices to our gods, you and your soldiers will be punished and put to death."

The confessor of Christ, the brave general Theophilus, replied to the king as follows: "Knowledge of the human life is the source of virtue, and virtue, with excellent works, is the mother of godliness. If, to enhance His glory, our nature was united with that of Christ by His birth and the gift of light was received with which to know and recognize God as creator of heaven and earth, one united Holy Trinity, who in His benevolence wishes to keep us free from the harm of worthless idols, how can you take this heavenly grace from us, or compare your transient glory with that of God, or hope by your threats to scare us into choosing this temporal life, to make us abandon God?"

Յայնժամ դժնդակ բարկութեամբ լցեալ մրմռէր թագաւորն եւ հրամայէր վաղվաղակի տանջանաւոր մահուամբ կենազրաւել զսուրբ զաւրավարն Թէոփիլեան հանդերձ երեսուն ընկերաւքն եւ սրբովք քահանայիւքն: Որոց արիաբար կատարեալ զնահատակութեանն մարտ բարեաւք վկայութեամբ, ըստ մարտիրոսութեանն հանդիսի ի Քրիստոսէ զյաղթութեանն ընդունէին պսակ, Սուրբ խոստովանողն Թէոփիլէ քահանայական դասուքն եւ երեսնեակ զինուորաւքն հանդերձ յերկնայինսն փոխէին խորանս:

Իսկ երանելին Մովսէս եւ Աներողոգիս՝ որդիք սրբոյ զաւրավարին Թէոփիլեայ հանդերձ Ագիստրոսեան զնդիւն եւ այլ հաւատացելովք իբրեւ զայն տեսանէին, աճապարէին յիւրաքանչիւր երիվարս՝ փախստական լինել յանաւրէն թագաւորէն. լաւ համարել հալածել վասն Քրիստոսի, քան յանցաւոր կեանս ամբարշտութեամբ կեալ. կարեւոր համարէին զնախատինս վասն Քրիստոսի, քան զմեծութիւն գանձուցն հայրենեաց: Յայնժամ չուեալ նոցա ընդ կողմանս հարաւոյ՝ երթեալ հասանէին ի բարձրաբերձ կատար լերինն մեծի, որ պարունակեալ շրջագայէ զբազմաւորական գաւառս աշխարհին:

Ապա ի հրամանէ անողորմ թագաւորին գունդս գունդս հատանէին, եւ զկնի լինէին նոցա զաւրքն Հոնաց: Եւ հասեալ նոցա ի գլուխ լերինն՝ ջանային բազում ողոքանաւք դարձուցանել զնոսա յերկրպագութիւն կռոցն եւ ի հնազանդութիւն թագաւորին: Եւ ոչ կարացեալ հաւանեցուցանել զնոսա՝ հարկանէին սրովն սուսերի ի նմին տեղւոջն: Այսպէս կատարեալ նոցա զընթացս Սուրբն Մովսէս երջանիկ եղբարբն եւ ամենայն քրիստոսազգեստ Ագիստրոսեան գնդիւն: Ընկալեալ ի Քրիստոսէ զմարտիրոսական պսակն՝ փայլին անաղաւտ փայլմամբ, ի ծագաց հիւսիսոյ յափշտակողք եղեալ անմահ առագաստին ընդ ամենայն սուրբս. ամէն:

The king roared his outrage and wrathfully ordered that the blessed general Theophilus and his thirty comrades and the blessed priests to be put to a painful death. Confessing the faith on the plain of martyrdom, they valiantly fought their heroic battle and received from Christ the victor's crown. Thus were the holy confessor and the thirty soldiers translated to their heavenly abode.

When the blessed Movse's and Aneroghogis, the sons of the holy general Theophilus, together with the *Agistrosean* brigade and other believers saw this, they urged on their horses and fled before the impious king, considering it better to be persecuted for Christ's sake than to live a transitory life of impiety. They considered disgrace for the sake of Christ more important than the great treasures of their fathers. They fled south and came to a very high peak of a great mountain which overlooks the country's many districts.

By order of the merciless king, brigade upon brigade was dispatched, and the forces of the Huns pursued and overtook them on the summit of the mountain, where they tried with many entreaties to reconvert them to idol-worship and obedience to the king. Unable to convince them, they put them to the sword in that very spot. Thus Movse's ended his life with his blessed brother and all the godly *Agistrosean* brigade, receiving from Christ the martyr's crown, shining in splendid radiance from the tops of the northern mountains, and entering the immortal abode with all the Saints. Amen.

Index

Agriculture, 15.

Alexander the Great, 175.

Amatuni (Vahan), 57.

Anak (the Parthian), 61.

Aran, 17; 57; 107.

Armenia(n), 5-13; 17; 23-27; 31; 37; 57-69; 75; 81; 123; 151; 165; 175; 183.

Arsacid, 9; 73; 79; 151.

Arshak II, 57.

Artashes III, 23-25.

Artsakh, 89; 123; 139; 165; 181-183.

Artsruni, Merujan, 59.

Biblical references,
 2 Kings,
  3:26-35, 163.
 Daniel,
  3:26-35, 43.
  3:42-45, 43.
 Matthew,
  5:19, 87.
  19:29, 49.
  22:32, 159.
 Luke,
  16:23, 161.
 Acts,
  9:40-41.
 Galatians,
  6:7, 167.
 Colossians,
  3:22, 63.
 Revelation,
  12:3-4, 51.

Byzantine, 57; 61-63.

Caspian Sea, 9; 15.

Christ(ian), 9; 29-31; 37; 49; 51-55; 63-67; 71-73; 77; 81; 87-97; 101; 105-107; 113-115; 119; 127; 135-139; 149-155; 159; 169; 175; 179; 187-193.

Constantine I, 27; 151.

Elisha (Saint), 17-21; 27; 179.

Gayane (saint), 65; 123-127; 133; 147.

INDEX

Georgia(n), 5; 23-25; 57; 61; 69-71; 81; 175; 183.

Gregory (Saint), 9; 27; 37; 61-71; 121-127; 133; 147.

Greeks, 5; 9; 47; 57.

Hephthalites, 83-85; 175.

Hripsime (saint), 65-67; 123-127; 133; 147.

Huns, 31; 57; 75; 107; 183-185; 193.

Karabakh (see Artsakh).

Khorenatsi, Movses, 23.

Magians, 31; 81; 87-91.

Mashtots, Mesrop, 177-179.

Mining, 15.

Noah, 3; 5.

Peroz I, 29-33; 79-81; 85-89.

Persians, 27; 33; 57-59; 77-81; 85; 91; 99; 107.

Sanatruk, 17; 57.

Schools, 97.

Shapur II, 27; 57-59.

Tiran, 59.

Togarmah, 5; 63; 79.

Trdat (Tiridates) III, 23-27; 37; 39; 55-57; 63-65; 151.

Urnayr (king), 23; 27-29; 37-39; 59; 79.

Vachagan I, 17; 21;

Vache I, 77

Vache II, 29-33; 81; 91.

Vachagan III, 77-81; 87-97; 101-103; 113; 117-123; 129; 135; 151; 157; 165.

Vagharshak (king of Armenia), 9; 13; 17.

Vagharshak (king of Iran), 87; 91.

Vagharshapat, 67.

Zacharias (Saint), 73-75; 107; 113; 125-127; 133; 143; 147-149; 157.

www.sophenearmenianlibrary.com

SOPHENE

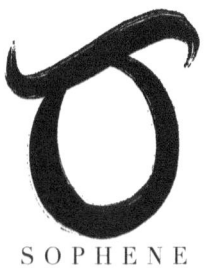

www.ingramcontent.com/pod-product-compliance
Lightning Source LLC
Chambersburg PA
CBHW021435080526
44588CB00009B/527
* 9 7 8 1 9 2 5 9 3 7 5 9 6 *